Palavra de Mulher

Palavra de Mulher
Histórias de amor e de sexo

Maria Tereza Maldonado
Mariana Maldonado

EDITORA

Copyright © 2007 by Maria Tereza Maldonado e Mariana Maldonado
Copyright © 2007 Integrare Editora Ltda.

Publisher
Maurício Machado

Assistente editorial
Luciana Nicoleti

Produção editorial
Estúdio Sabiá

Preparação de texto
Célia Regina Rodrigues de Lima

Revisão
Diego Salerno
Hebe Ester Lucas
Bruno Rodrigues

Projeto gráfico e capa
Alberto Mateus

Diagramação
Crayon Editorial

Foto das autoras
José Inácio Parente

Dados Internacionais de Catalogação na Publicação (CIP)
(Câmara Brasileira do Livro, SP, Brasil)

Maldonado, Maria Tereza
  Palavra de mulher : histórias de amor e de sexo / Maria Tereza Maldonado, Mariana Maldonado. – São Paulo : Integrare Editora, 2007.

  ISBN 978-85-99362-12-9

  1. Contos brasileiros I. Maldonado, Mariana. II. Título

07-0358   CDD-869.93

Índice para catálogo sistemático:

1. Contos : Literatura brasileira 869.93

Todos os direitos reservados à INTEGRARE EDITORA LTDA.
Rua Tabapuã, 1123, 7º andar, conj. 71/74
CEP 04533-014 – São Paulo – SP – Brasil
Tel: (55) (11) 3815-3059 / 3812-1557
Visite nosso site: www.integrareeditora.com.br

Esta obra apóia os projetos da CEPIA

A CEPIA É UMA organização não-governamental, sem fins lucrativos, voltada para a execução de projetos que contribuam para a ampliação e a efetivação dos direitos humanos e o fortalecimento da cidadania.

Fundada em 1990, a CEPIA desenvolve estudos e projetos de formação, capacitação e educação pública, em especial de profissionais das áreas de saúde e de segurança pública; de *advocacy* junto ao Estado e à sociedade para a promoção de políticas públicas que atendam também às necessidades de mulheres; de intervenção social, em especial junto a mulheres de setores populares; publicações para a difusão dos direitos humanos; *spots* televisivos voltados para a prevenção do HIV/AIDS, difusão dos princípios e instrumentos de direitos humanos para o fortalecimento da cidadania no país e na região. Nesse sentido, a CEPIA vem dando especial atenção aos direitos humanos e às políticas sociais no âmbito do Mercosul, destacando as responsabilidades de gestores e elaboradores de políticas públicas no que se refere às questões relativas à violência de gênero, incluindo violência sexual, DST/HIV/AIDS e saúde reprodutiva.

Com esses objetivos, a CEPIA acompanhou os principais eventos da década de 1990, em especial a Conferência Internacional sobre o Meio Ambiente (1992), a Conferência Mundial de Direitos Humanos (1993), a Conferência de População e Desenvolvimento (1994), a IV Conferência Mundial da Mulher (1995) e a Conferência de Durban (2001), tendo participado inclusive das reuniões preparatórias regionais, nacionais e internacionais para essas conferências, elaborando documentos para o movimento de mulheres e para o governo brasileiro e participando dos encontros.

Essas conferências reforçaram as diversas convenções internacionais que reconhecem os direitos das mulheres e, em seus planos de ação, instigaram e comprometeram os Estados-partes das Nações Unidas a atuar de forma decisiva para eliminar as discriminações contra as mulheres e a reconhecer plenamente seus direitos, em especial os direitos à saúde — inclusive à saúde sexual e reprodutiva —, à segurança e ao acesso à justiça, à educação, ao trabalho e a todas as condições necessárias a uma vida digna.

A CEPIA tem atuado na ampliação desses direitos, com ênfase na problemática da violência doméstica e da violência sexual, e do reconhecimento e respeito aos direitos sexuais e reprodutivos. Esse trabalho pode ser acompanhado pelo *site* www.cepia.org.br.

A CEPIA tem estabelecido um diálogo contínuo com amplos setores da sociedade, incluindo militantes de direitos humanos, movimentos sociais, juristas, profissionais de saúde, responsáveis por políticas públicas, formadores de opinião e, principalmente, mulheres dos diversos segmentos sociais.

Ao privilegiar a fala das mulheres, o trabalho da CEPIA tem muito em comum com a opção de Maria Tereza e Mariana Maldonado em seu livro *Palavra de Mulher: Histórias de amor e de sexo*. Nele, as autoras demonstram uma escuta sensível aos relatos de mulheres sobre suas vivências, necessidades, questionamentos, conhecimentos e o desejo de redefinir suas vidas. De forma acessível, como numa conversa entre mulheres, as autoras apresentam uma reflexão cuidadosa que aponta para diversos temas, entre os quais a importância da saúde física, mental, sexual e reprodutiva, de uma vida livre de violência e, principalmente, do direito das mulheres de terem autonomia sobre suas vidas. Contribuem, assim, para o debate sobre temas e questões que fazem parte da agenda dos Direitos Humanos. Com essa perspectiva, a CEPIA saúda com muita alegria sua parceria com Maria Tereza e Mariana Maldonado.

LEILA LINHARES BARSTED E JACQUELINE PITANGUY
Diretoras da CEPIA

Sumário

Apresentação e agradecimentos . . **9**
Prefácio. **11**
1 Cuidado comigo, hein?! . . . **15**
2 Impulso homicida **19**
3 Sex shop **24**
4 Gordas felizes? **28**
5 Decibéis **33**
6 Romance virtual **38**
7 Esperança cruel **42**
8 Amor novo **47**
9 Casa de avó **52**
10 Prazo de validade **57**
11 Solitária **62**
12 A fila anda **66**
13 Contágio **71**
14 No vermelho **75**
15 Prestígio. **80**
16 Maçã envenenada **84**
17 Auto-estima **88**
18 Por que comigo?! **92**
19 Tamanho é documento . . **97**
20 Dois pesos, duas medidas . . **102**
21 Nos bailes **107**

22 Plantão noturno **111**
23 Refugiada **115**
24 Santo remédio **120**
25 Entre mulheres **124**
26 Papai e mamãe **129**
27 Maternidade solitária . . . **134**
28 Cobrança **139**
29 Invisível. **143**
30 Perda total **147**
31 Infiel **151**
32 Na pressão **156**
33 Persistência insana **161**
34 Divergências **165**
35 Calmaria **170**
36 A lista **174**
37 Longe de casa **178**
38 Senhora ou mulher? **183**
39 Ciúme. **187**
40 Carência **191**
41 Fora dos padrões **196**
42 Carta de despedida **201**
43 Mulher **205**

Apresentação e agradecimentos

O SONHO DE SER ESCRITORA É ANTIGO. Meu primeiro livro foi sobre a psicologia da gravidez, tema da minha tese de mestrado em Psicologia. Comecei a escrevê-lo antes de engravidar de Mariana e o terminei quando ela estava com pouco mais de um ano. Ela se formou em Medicina em 1998, escolheu cuidar de mulheres e, tempos depois, começou a escrever colunas quinzenais para um *site*. Não sei que influência pode ter passado pelo cordão umbilical para Mariana seguir por esses caminhos...

Se vocês pensarem que sou "mãe coruja" têm toda a razão: amo, aprecio e admiro minha filha, que sempre me trouxe muito mais alegrias do que preocupações, assim como Cristiano, que nasceu cinco anos depois dela.

Um dia, de manhã cedo, caminhando na praia, surgiu a idéia de escrever um livro com ela, a partir de nossas experiências e de nosso trabalho com grupos de mulheres. Fiquei feliz de ver seu entusiasmo com a minha idéia. Foram quase dois anos de trabalho a quatro mãos, com a seriedade das pesquisas e da troca de idéias, com risadas divertidas relembrando episódios engraçados e lágrimas emocionadas por conta de situações difíceis que nos tocaram profundamente. É lindo escrever com ela!

Palavra de mulher: é assim, com muita alegria, que presencio o nascimento de Mariana como autora e é com muito amor que eu a apresento a vocês.

MARIA TEREZA MALDONADO

Queremos agradecer a todas as mulheres com quem conversamos e com quem aprendemos; a Lucia Riff, nossa agente literária, pelo trabalho carinhoso; à nossa amiga Regina Pereira, que, em muitas conversas deliciosas, nos deu sugestões extremamente pertinentes para o texto final; e à equipe da Integrare Editora, que nos acolhe com tanto carinho e competência.

E agradecemos uma à outra, como mãe e filha, a profunda emoção de escrever juntas.

MARIA TEREZA E MARIANA

Prefácio

Mercedes estava na cozinha com Antônio, seu filho mais velho, que faz questão de cozinhar quando toda a família se reúne no primeiro domingo de cada mês. Enquanto ele se ocupava em preparar o molho da carne, ela e a empregada cortavam rodelas de batata, que serviriam para decorar o prato. A casa estava cheia: as duas filhas, o caçula ainda solteiro, cinco netos, os genros e a nora.

Apesar de se sentir feliz por ver a família reunida, Mercedes estava cansada e inquieta: a semana tinha sido agitada na empresa em que trabalha, em função do acúmulo de tarefas a serem completadas; a família também a solicita muito, e não só no almoço de domingo. As duas netas entrando na cozinha e pegando-a pela mão porque queriam "brincar de moça", calçando seus sapatos e usando seu estojo de maquiagem; o marido reclamando do queijo que ela tinha comprado na véspera; uma das filhas querendo levá-la para um canto da varanda para mais uma vez se queixar do marido que não participa do cuidado da casa e dos filhos.

Nas idas e vindas entre a sala e a cozinha, dando os últimos retoques na mesa e providenciando as travessas solicitadas por Antônio, mil pensamentos passaram pela cabeça de Mercedes: num simples almoço de domingo, quantas coisas acontecendo nessas vidas entrelaçadas, quantas emoções, solicitações, expectativas, alegrias, frustrações! Três gerações convivendo, a vida se desdobrando. "É, tenho de cuidar de tanta coisa, de tanta gente... Só não posso esquecer de mim mesma!", pensou Mercedes enquanto corria para o telefone que tocava, sem que ninguém se levantasse para atender.

Quantas de nós somos Mercedes, tecendo a vida nesse mosaico de relacionamentos e múltiplas tarefas (algumas prazerosas, outras nem tanto...) que refletem a diversidade de papéis que desempenhamos! Foi pensando (e vivendo) na complexidade da vida feminina que resolvemos escrever este livro.

Como viveram nossas antepassadas? Como viverão as mulheres que virão depois de nós? Desde o começo da história da humanidade, as mulheres ocuparam diferentes lugares na sociedade. Houve épocas em que foram mais valorizadas e tiveram mais poder, como nas sociedades matriarcais; em outras épocas, as mulheres foram (e ainda são, em muitos países) maltratadas e inteiramente subjugadas pelos homens.

Dizem os estudiosos do assunto que a repressão da sexualidade e a negação da sabedoria feminina, presentes em muitos períodos da História, foram um disfarce do medo que as mulheres inspiravam por seus conhecimentos e poderes misteriosos. As mulheres foram vistas como deusas e como bruxas, foram veneradas, mas também condenadas à fogueira medieval, reverenciadas como mães dos filhos sem direito ao gozo, ou vistas como mulheres do prazer, mas não do afeto. Com o passar dos anos e com a entrada no mercado de trabalho, a situação mudou, mas nem tanto: a maioria das mulheres ficou sobrecarregada pela dupla jornada dentro e fora de casa, e até os dias de hoje perdura a situação desfavorável que têm no mercado, embora elas representem cerca da metade da força de trabalho no mundo.

Ainda temos um longo caminho pela frente para alcançar a melhoria da condição da mulher no mundo!

Pensando e sentindo: estudamos, pesquisamos, conversamos com muita gente, debatemos muitas idéias e, assim, escrevemos com cabeça e coração, integrando intelecto e emoção, procurando abrir caminhos para que mulheres e homens consigam viver melhor.

Este livro surgiu do amor entre mãe e filha que compartilham tantas coisas do cotidiano, alegrias e tristezas, perdas e ganhos, desafios e conquistas. Nós duas quisemos refletir e escrever sobre nossa vida e sobre nossa experiência de trabalho com mulheres, casais e famílias. Vivendo e aprendendo: juntas coordenamos grupos de mulheres que falam de peito aberto sobre suas inquietações, dúvidas, perplexidades, risos e lágrimas; juntas, mãe psicóloga e filha médica ginecologista, integramos conhecimentos e emoções para transmitir informações úteis, tocar o coração das pessoas e ajudá-las a tomar decisões que realmente façam diferença em suas vidas. E para melhor, é claro!

São essas emoções que transbordam nos textos deste livro. Cada depoimento é uma composição de várias histórias reais sobre uma mesma situação vivida por diversas mulheres. É uma síntese das vozes de muitas delas, em diferentes fases da vida, que ouvimos no consultório, nos trabalhos de grupo, nas palestras que realizamos. Escolhemos esse caminho, em vez de simplesmente transcrever a fala de uma única mulher para cada tema, porque acreditamos que isso facilitará a identificação de cada uma de vocês (ou de pessoas conhecidas) com a maioria das histórias contadas. Em seguida, apresentamos nossos comentários sobre os aspectos que mais nos tocaram e que estimularam nossa reflexão em cada um dos temas abordados.

Convidamos vocês para um passeio pelo universo feminino nos dias de hoje, revelando a riqueza do cotidiano da vida na família, no trabalho, no amor, nos encontros e nos desencontros, nas esperanças e nas desilusões. Queremos mostrar a força dos sonhos e os caminhos para superar as adversidades, fortalecendo a disposição para encarar os desafios e curtir a alegria de viver.

Tudo isso é sintetizado, ao final do livro, no poema de Maria Tereza, que convida vocês a embarcar numa fantástica viagem pelo ciclo vital da mulher.

Acreditamos que, ao ler esta obra, as mulheres se identificarão com muitas das situações apresentadas e descobrirão novos modos de pensar e de agir. Os homens que lerem este livro entenderão melhor (assim esperamos...) nosso rico mundo interior, cheio de contradições, complexidade, inquietações, sobrecarga, oscilações, sensibilidade, intuição, a polaridade entre fragilidade e força e, sobretudo, nosso profundo desejo de amar e de ser amadas.

MARIA TEREZA E MARIANA
Rio de Janeiro, 2007

1
Cuidado comigo, hein?!

Desde que comecei a menstruar, sou vítima da TPM, e quem está por perto passa a ser minha vítima, porque eu viro fera! Brigo à toa, tudo me irrita, grito, é um horror. Quando vivia com meus pais, discutia muito com eles, batia a porta do meu quarto e só queria ficar quieta no meu canto, porque tinha dores de cabeça terríveis, além das cólicas durante a menstruação. Não conseguia me concentrar nas aulas, ia para a escola me arrastando, com um mau humor do cão. Eu me lembro bem de que, numa daquelas brigas, cheguei a xingar meus pais por ter nascido mulher!

Há períodos em que consigo me controlar um pouco, mas às vezes, honestamente, nem me reconheço! Fico muito diferente do meu estado normal. É difícil até me olhar no espelho, acho que fico com o corpo deformado, inchado, esquisito. E quando me vejo assim, tão feia, fico deprimida. Acho que a TPM afeta até a minha auto-estima, eu me sinto um lixo, fazendo tudo errado, infernizando a vida de todo mundo. Nem eu mesma me agüento!

Tive um namorado que morria de medo dos meus ataques. Ele anotava os dias da menstruação e, uma semana antes, coitado, fazia de tudo para não me contrariar. Dizia que precisava ter paciência em dobro para encarar minha TPM. E era um cara pacato, detestava brigas; mas, mesmo assim, eu conseguia inventar motivos para explodir. Ele adorava ouvir música clássica: bastava ele aumentar o som e eu berrava com ele sem dó nem piedade.

Agora já passei dos 30, estou casada e tenho uma filha pequena, mas o problema continua. Ainda bem que meu marido é calmo e cuida da menina para que eu não fique nervosa com ela. Já fui a vários médicos, tomei alguns remédios, mas nada resolveu. Fazer ginástica alivia um pouco a tensão, descarrega a raiva, mas depois volto a ficar irritada.

Até no trabalho a TPM me afeta. Sou gerente de vendas de uma loja de departamentos. Ainda bem que a minha equipe é quase toda de mulheres, que entendem o problema. Muitas também ficam atacadas durante esse maldito período pré-menstrual. Digo a elas que a gente precisa segurar a onda, senão acabamos perdendo o emprego. Elas e eu também. Não dá para usar a TPM como desculpa por ter atendido mal os clientes. Sinto que fico muito menos paciente quando estou nessa, mas procuro compensar sendo atenciosa e eficiente.

Sei que sou boa esposa e boa mãe três semanas por mês. Nos dias em que viro fera, se pudesse, ficaria escondida para não perturbar as pessoas. Mas, como isso não é possível, conto com a compreensão de todos. E com a esperança de encontrar um tratamento que funcione.

Só quem tem TPM sabe o que sofre.

E você não é a única vítima desse martírio. De acordo com os especialistas, aproximadamente 40% das mulheres que menstruam reportam algum sintoma de TPM. Para você ter uma idéia de como a questão é complexa, foram relatados até agora mais de 150 sinais e sintomas relacionados à síndrome da tensão pré-menstrual (TPM), sendo os mais freqüentes: irritabilidade, agressividade, depressão, ansiedade, incapacidade de concentração, tensão, desânimo, insônia, mudanças de apetite e na libido, oscilação do humor e choro, além de dor e inchaço das mamas, cólicas, dor de cabeça, ganho de peso, alterações dos hábitos intestinais e mudanças na pele. Esses sintomas geralmente aparecem de uma a duas semanas antes da menstruação e somem logo depois que ela chega.

Mas por que só algumas mulheres sofrem de TPM? Na verdade, até hoje não se sabe exatamente a resposta para essa pergunta. Parece que a TPM é desencadeada por uma série de fatores, inclusive hormonais. O sedentarismo, a má alimentação, o consumo de alimentos à base de cafeína, como chá e café, e o estresse do dia-a-dia também são capazes de piorar a TPM nas mulheres mais sensíveis.

Você diz que é boa mãe e boa esposa pelo menos em três semanas do mês, mas naquela que antecede a menstruação você fica insuportável! Esse é um detalhe importante: 5% a 10% das mulheres que sofrem de TPM apresentam um quadro mais grave chamado de síndrome disfórica pré-menstrual, em que os sintomas emocionais como agressividade e depressão ficam ainda mais intensos. Nesses casos, talvez seja necessário o uso de medicamentos específicos que só o médico pode receitar.

Mas o que é possível fazer para dar algum alívio às mulheres que sofrem todos os meses com a TPM? Costumamos dizer que a informação é uma forte aliada para o sucesso do tratamento. Saber que o problema existe e que não é uma simples frescura é o primeiro passo para o seu bem-estar e o de todos os que estão à sua volta, inclusive seus colegas de trabalho. Realmente, não dá para ficar colocando a culpa na TPM por tudo o que acontece de errado com você! Ela não é a responsável pelas mazelas do mundo. Se precisar de ajuda, não hesite em procurar. Mais de 80% das mulheres que tratam a TPM conseguem alívio para seus sintomas.

Não desanime se ainda não conseguiu bons resultados com os tratamentos que tentou. Algumas mulheres só melhoram quando mudam a alimentação, fazem atividade física e tomam vitaminas. Outras precisam associar a isso o uso de medicamentos, homeopáticos ou não. Seja como for, o mais importante é saber que não existe uma receita para tratar a TPM. Cada mulher é única em suas necessidades, e por esse motivo o tratamento deve ser personalizado. Esperamos que você encontre a ajuda necessária para vencer essa batalha!

2
Impulso homicida

Estou preocupada comigo: acho que seria capaz de matar meu marido se descobrisse que ele tem uma amante! Armei uma cena horrorosa numa festa, quando vi uma fulaninha se aproximar dele para puxar conversa. Eu estava com duas amigas no outro lado da sala, mas de vez em quando dava uma olhada, porque a gente não pode deixar o marido dando sopa. Fiquei só observando a cara-de-pau da mulher: meu marido estava de papo com um amigo e ela foi chegando e eu só sacando os olhares de sedução, a mão tocando o braço dele. Senti um ódio ao ver o amigo dele se afastando para pegar uma bebida e os dois lá embevecidos um com o outro. Fui maquiavélica: acendi um cigarro, dei duas baforadas para aliviar o estresse, aproveitei que tinha muita gente perto deles e encostei o cigarro aceso nas costas da desgraçada. Ela deu um grito, meu marido ficou pálido, eu fingindo que foi um acidente, pedi mil desculpas, nada de grave, só o suficiente para acabar com a diversão. Fui logo pegando no braço dele para mostrar que era a dona do pedaço, mas a vontade era de esganar o filho da puta dando mole para aquela mulher.

Fuzilei meu marido com o olhar, perguntei entre dentes que merda era aquela, ele dizendo que não tinha o menor interesse pela mulher, que eu estava imaginando coisas. Ai, que ódio, por acaso ele insinuava que sou maluca? Juro que me deu vontade de dar um tapa na cara dele, ali mesmo na festa. Não sei como me contive, disse que queria ir embora, entrei bufando no carro, não conseguia me acalmar. Ele tentou me dar um beijinho, dizendo "vem cá, minha fera", e foi aí que explodi: dei-lhe um safanão, comecei a xingá-lo, fiquei transtornada. Ele me segurou firme e disse que iríamos conversar em casa; comecei a chorar que nem criança, com uma raiva desesperada. Fomos para casa, as lágrimas rolando e o ódio lá dentro.

Conversamos, mas fui dormir com raiva, lembrando-me daquela americana que cortou o pau do marido. Se por tão pouco senti aquele ódio todo, o que eu seria capaz de fazer se descobrisse que ele tem um caso? Fiquei me imaginando dando um tiro nos dois, envenenando a comida dele e outras coisas horríveis.

Quando acordei, fui para o shopping e detonei o cartão de crédito. Comprei seis calças, oito blusas lindas, três pares de sandálias da coleção de verão, cinco biquínis e duas bolsas. Voltei para casa de alma lavada. Quando ele chegou, mostrei as compras, feliz da vida. Ele nem ousou reclamar. Agora paga, desgraçado!

Mas que raiva, hein? Foi tão intensa que chegou a assustar até você mesma! Veio lá das entranhas, misturada com o sentimento de medo de perder seu marido pela possessividade. E isso a motivou a correr para defender sua propriedade e expulsar a invasora a ferro e fogo, sem se dar tempo para pensar numa abordagem menos drástica.

Quando a raiva toma conta da gente, principalmente quando nos sentimos atacadas ou provocadas, às vezes agimos sem pensar. O combustível que alimenta a raiva são sentimentos de frustração, mágoa, indignação e até mesmo antigas lembranças de experiências dolorosas de abandono e rejeição. Qual terá sido a mistura explosiva que desencadeou seu ataque de raiva? Quando tentamos perceber com mais clareza os sentimentos que estão na origem da raiva, conseguimos transformá-la e utilizar sua energia para reagir com mais eficácia e menos agressividade.

Embora nas estatísticas de violência o homem predomine como agressor, também há as mulheres agressoras que atacam os homens não tanto fisicamente, mas com agressões verbais e até mesmo com despesas exorbitantes nos cartões de crédito que provocam grandes estragos no orçamento familiar.

Você já parou para pensar mais a fundo nesse uso do dinheiro como instrumento de ataque? Nem sempre compramos apenas aquilo de que precisamos ou o que nos agrada. Quando somos vítimas do consumo compulsivo, procuramos atender a outras necessidades: pode ser uma tentativa de aliviar a depressão e melhorar a auto-estima. Será que você é uma "vítima das vitrines", irresistivelmente atraída por elas, e acha que um armário cheio de roupas e acessórios pode aumentar seu valor como pessoa e preencher seu vazio interior? Será que detona o cartão de crédito por se achar no direito de ser indenizada por prejuízos que seu marido tenha lhe causado? Você se alivia pensando que, se fizer com que ele gaste muito dinheiro com você, não sobrará para gastar com "as outras"? Ao ouvir muitas mulheres que pensam assim, percebemos que o termo "as outras" pode referir-se não só a amantes, mas também à própria sogra, à ex-mulher e aos filhos de casamentos anteriores!

Em nosso trabalho, também observamos muitas formas de agressão entre as mulheres rivais, como ao disputar um homem ou uma posição no ambiente de trabalho. Perseguições, críticas implacáveis, intrigas e provocações que criam constrangimento ou humilhações são estratégias utilizadas para derrubar as adversárias. Especificamente no que se refere à infidelidade (real ou imaginária), a "outra" pode ser furiosamente atacada, xingada e ameaçada, como se fosse a única responsável, ao passo que o homem nem sempre é agredido na mesma proporção.

Diz o ditado: "Quando um não quer, dois não brigam". Podemos também dizer que, quando um não quer, dois não ficam juntos nem se seduzem. Será que seu marido gosta de seduzir outras mulheres para se sentir mais seguro e confiante diante de você? Será que ele sente prazer em despertar seu ciúme para ter certeza de que você ainda o deseja? Será que as explosões de raiva e os atos de vingança são recursos eficientes para construir companheirismo no casamento? Achamos que esse episódio pode ser um terreno fértil para uma boa conversa entre vocês!

3
Sex shop

Andava curiosa para entrar numa sex shop, principalmente para ver a seção dos vibradores, que, na minha época, eram chamados de "consolo de viúva". Mas cadê coragem? Morria de vergonha dos vendedores; o que uma mulher sozinha estaria querendo lá? Até que li uma matéria sobre grupos de amigas que freqüentam essas lojas para ver as novidades: calcinhas comestíveis (achei estranhíssima a idéia!), chicotes, gel vaginal sabor chocolate, fantasias de diabinha, enfermeira e colegial, além de vários brinquedinhos. Li até que uma recém-separada ganhou de presente um vibrador para não ficar desesperada com a falta de sexo.

Não consegui comentar essa matéria de jornal com ninguém. Quase todas as minhas amigas são casadas e levam uma vida bem pacata, estão acomodadas. Ficariam chocadas com minha curiosidade, achariam que isso é maluquice de mulher sem homem. Tenho duas amigas separadas e uma viúva, mas também não me sinto à vontade para puxar esse assunto com elas. Sou muito fechada, não tenho o costume de contar minhas intimidades.

Fiquei sozinha com minha curiosidade e meu medo, um tremendo conflito. Até que um dia, procurando uma papelaria para comprar cartões de Natal, achei uma que ficava numa galeria, ao lado de uma sex shop. Não resisti, entrei.

Para minha surpresa, só tinha uma vendedora. Respirei aliviada: nenhum homem, nem gays, nem lésbicas. Comecei a olhar as coisas, fiquei de queixo caído: pênis de todas as cores e tamanhos, alguns simplesmente descomunais. Os de plástico eram bem baratos, os de silicone imitavam os de verdade com perfeição, mas eram muito mais caros. A vendedora me mostrou um vibrador que estava em promoção, com três velocidades. Engraçado, que nem liquidificador.

Depois fui ficando mais à vontade e perguntei para que serviam umas coisas que eu vi por lá e não consegui entender. A moça me deu uma verdadeira aula de brincadeiras sexuais, explicando em detalhe o funcionamento de cada produto. E aí colocou na minha mão o vibrador em promoção, garantindo que era muito eficiente. Fiquei bastante sem graça de pegar naquilo, disse que ia pensar, permaneci mais um pouco na loja, com medo de sair e dar de cara com alguém conhecido, e aí a vontade de ter um negócio daqueles foi aumentando tanto, mas tanto, que acabei me convencendo a dar o vibrador de presente de Natal a mim mesma.

Saí da loja morrendo de vergonha com aquele negócio embrulhado em saco plástico preto. Cheguei em casa com medo de que meu filho me visse com aquilo, escondi rapidamente no fundo da gaveta das calcinhas e esperei ansiosamente a hora de dormir para experimentar.

Foi o melhor presente de Natal da minha vida!

Seu depoimento nos fez viajar no tempo, para a década de 1960, quando começou a chamada revolução sexual. Para onde ela nos levou? Àquela época dos festivais de música (onde acontecia de tudo), com a prática do amor livre e sem compromisso, o surgimento da pílula anticoncepcional e tantos outros fatos que marcaram uma geração, transformaram a sociedade e impulsionaram a liberação feminina. De lá pra cá, muita coisa mudou: apareceu a aids, a internet e seus romances virtuais, novos métodos anticoncepcionais, a TV a cabo, os comerciais de cerveja, os filmes pornôs e um número infinito de *sex shops*, com os mais variados produtos que prometem maravilhas para aumentar o prazer sexual.

Mas nem todo mundo que, como você, estava na adolescência naquela época conseguiu se soltar das amarras da repressão e do medo da famosa frase: "E o que os outros vão pensar?" Não é à toa que tantas mulheres censuram até mesmo a curiosidade e o desejo de dividir com as amigas tudo o que pensam e sentem em relação à sexualidade por medo de que elas fiquem chocadas. E então surge a vergonha de ter desejos e a censura expulsa as fantasias sexuais para os porões mais escondidos do inconsciente.

Continuando a viagem pelo tempo, vemos que de lá para cá muita coisa mudou: a banalização do sexo, a nudez feminina exposta à exaustão, a apelação ao erotismo para vender qualquer coisa — de sandálias havaianas a iogurte —, o aspecto descartável e passageiro das relações amorosas, a busca desenfreada pelo orgasmo feminino, a superexigência do bom desempenho sexual masculino, todos importantes efeitos colaterais dos anos modernos. E você? O que acha dessas mudanças?

O que observamos em meio a tudo isso são mulheres e homens perdidos em busca do próprio prazer e da necessidade de satisfazer o outro. Vemos muita gente preocupada com a qualidade do desempenho. Tanta ansiedade acaba atrapalhando o prazer, dificultando o encontro com o aspecto lúdico da sexualidade e a liberdade de se redescobrir como homem e mulher. Pode parecer incrível, mas, apesar de toda essa liberação, até hoje muitas mulheres não ousam tocar nem sequer olhar seus genitais no espelho e só conseguem transar com as luzes apagadas. Como você, essas mulheres sentem um conflito enorme entre curiosidade, desejo, medo e vergonha. Ainda há muita repressão na liberação!

O que você está observando em sua sexualidade com o uso do vibrador? Está conseguindo se dar o direito (sem culpa) de conhecer melhor seu corpo? Esperamos que essa seja uma das muitas maneiras de você curtir a vida com mais prazer!

4
Gordas felizes?

Vivo obcecada com meu corpo, faço ginástica, musculação, alongamento, mas nunca estou com tudo no lugar. Já fiz uma lipo, mas acho que preciso de outra, a barriguinha está me incomodando. Gasto boa parte do que ganho com tratamentos de beleza, cremes, hidratantes, bons produtos para o cabelo, combate às estrias e à celulite. Muita gente me acha linda, mas eu me olho no espelho catando os defeitos e me atormentando com isso.

Dietas da moda, todas. Tenho uma balança para me pesar todos os dias depois do banho, e fico angustiada com 100 gramas a mais. Vivo sofrendo com isso, porque nem sempre resisto às tentações, principalmente aos doces. É uma verdadeira compulsão: começo com um pedaço de bolo, um pacote de biscoitos, e não consigo parar, é mais forte do que eu. Já aconteceu de eu devorar um pudim inteiro, depois me arrependo, aí vou para o banheiro e vomito. Pelo menos, jogo fora aquele excesso de calorias. Mas isso não me faz bem. Fico me censurando, cheia de culpa e de remorso, prometo a mim mesma que vou me controlar e, de repente, escorrego de novo.

Não quero ser gorda, acho horrível. Outro dia, vi um anúncio de gordinha sexy. Isso não existe, não dá para ser bonita com peitão e barrigão. Puro marketing para vender os produtos às pobres coitadas que não conseguem emagrecer. Sempre que fico com aqueles malditos dois quilos a mais, não consigo nem usar biquíni, morro de vergonha do meu corpo. A cintura engrossa, a barriga aumenta, aí vou para a praia de maiô, encolhendo a barriga.

Outro dia vi uma mulher tão gorda que as banhas cobriam a lateral do biquíni. E ela na maior, os peitos balançando, cheia de celulites e varizes. Será que consegue se achar uma deusa? Pelo andar, parecia. Cabeça erguida, confiante, auto-estima nas alturas. E as velhas, com as pelancas penduradas, nem por isso deixam de fazer as caminhadas no sol da manhã. Deus me livre de ficar assim, quero morrer antes. Ou então viveria escondida dentro de casa, jamais exporia um corpo decadente desse jeito.

E o casal que vi nesse mesmo dia na praia? Ele saradão, cabelos grisalhos, bronzeado, bonito mesmo. Ela, balofa, pelo menos estava de maiô preto, não teve a cara-de-pau de colocar um biquíni com aquele pneu na cintura. Uma lipo ia bem... E lá ia ela, de mãos dadas com ele, aliança no dedo, sorridente, parecia feliz. Com certeza come tudo o que quer e não vomita depois.

Nunca tive um namorado que reclamasse do meu corpo. Pelo contrário, todos me dizem que tenho um corpo perfeito. Ninguém fica vendo em mim os defeitos que vejo. Sou muito exigente com minha aparência e muito crítica com a dos outros. O visual não é tudo, mas é inegavelmente importante. Já namorei homens feios, um deles até meio gordinho, e cheguei a gostar muito dele. Porém, aprecio a beleza, o corpo bem-cuidado, a apresentação. Por isso sou tão cruel comigo mesma. Mas o resultado compensa.

Sua angústia nos impressionou: ela transparece no seu olhar, nos seus gestos, no seu jeito de falar. O que faz você se deixar aprisionar por essa obsessão de ter um corpo perfeito? Será a esperança de se tornar irresistivelmente atraente e desejada? Talvez por isso seja difícil entender os casais que se amam e permanecem juntos mesmo sem corresponder aos padrões de beleza exaustivamente apresentados em jornais e revistas femininas.

Pensamos que essa enorme importância dada à "embalagem" do corpo perfeito e da eterna juventude alimenta a ilusão de que isso garante o desejo (pode até facilitar o despertar, mas a continuidade depende de outro tipo de nutrição). Uma coisa é cuidar bem da aparência: pele, cabelos, exercícios físicos regulares, alimentação balanceada para manter a boa forma e a saúde.

Outra é gastar muito mais tempo e dinheiro para aperfeiçoar o visual, descuidando do cultivo do encanto interior, da generosidade, da alegria contagiante, do desenvolvimento de habilidades básicas para construir um bom relacionamento, do preparo necessário para ter conversas interessantes e ser uma pessoa atraente (e não apenas um corpo atraente).

Você, certamente, não é a única vítima dessa angústia. Na verdade, pouquíssimas mulheres são *top models*, mas a ditadura da magreza e a busca do corpo perfeito torturam milhões de mulheres em todo o mundo e rendem gordos lucros para os autores das dietas da moda. Em algumas mulheres, a obsessão pelo corpo "como deve ser" acaba motivando não só um número infinito de dietas, cirurgias plásticas, lipoaspirações e lipoesculturas, como também alterações patológicas da autopercepção, dando margem ao desenvolvimento de doenças, como a anorexia e a bulimia.

Se você nunca ouviu falar nisso, é melhor se informar, pois pode estar com um desses problemas sem saber. Resumindo: a anorexia nervosa é um transtorno alimentar no qual a pessoa traça inúmeras estratégias para perder peso ao extremo. As pessoas anoréxicas apresentam um medo intenso de engordar, mesmo estando muito abaixo do peso ideal, são obcecadas pelo valor calórico dos alimentos, recusam refeições alegando que não estão com fome, praticam exercícios em excesso, além de desenvolver quadros de depressão, síndrome do pânico, comportamentos obsessivo-compulsivos e até mesmo suspensão da menstruação. A maioria das vítimas são mulheres jovens, entre 12 e 20 anos. É uma doença que traz muitos riscos à saúde, podendo levar à morte por desnutrição.

Na bulimia, há compulsão de ingerir grandes quantidades de alimento, apesar de não haver aumento de peso aparente. A pessoa que sofre desse transtorno toma medidas drásticas para eliminar o alimento ingerido, como provocar vômitos, usar laxantes, diuréticos e praticar exercícios físicos em excesso para evitar o aumento de peso. Muitas vezes, como essa doença não é tão evidente quanto a anorexia, é difícil diagnosticá-la, bem como estabelecer estimativas da proporção de pessoas atingidas. Não tivemos tempo de conversar com maiores detalhes, mas parece que é isso que está acontecendo com você, e por isso a aconselhamos a procurar um atendimento especializado. Apesar de serem doenças comuns, não existem medicamentos específicos para o tratamento dos transtornos alimentares. Para quem sofre do problema, é fundamental o acompanhamento de uma equipe multidisciplinar.

Consideramos essencial você modificar seu jeito de se olhar e de se tratar. Que tal cuidar mais do "produto", e não somente da "embalagem"? O que você está fazendo para melhorar seu bem-estar interior e cultivar a alegria que dá brilho ao olhar e ilumina o sorriso? Seguramente, ao explorar outras maneiras de encantar as pessoas e se deixar encantar por elas, você conseguirá se libertar da prisão da angústia, da crueldade do espelho e da tirania da balança. E então verá que alguns gramas a mais não terão o poder de aniquilar sua auto-estima!

5
Decibéis

Minha avó era uma espanhola severa, reprimida e opressora. Quando queria reclamar dos excessos de liberdade dos jovens, vinha com lições de moral do tipo "na minha época...". Eu odiava ouvir isso, até porque minha mãe era muito influenciada por ela e, com essa conversinha, acabava vetando programas que eu queria muito fazer.

Atualmente, fico horrorizada comigo mesma quando me pego falando "na minha época..." sempre que reclamo do excesso de liberdade dos meus filhos. E nem adianta, porque é difícil retomar o território concedido. Imagine se, na minha época, a gente ousasse sonhar dormir com o namorado na nossa cama! Eu tinha minhas intimidades, mas ai de mim se minha mãe descobrisse o que eu fazia! Também não havia perigo de tirar sarro no banco traseiro do carro estacionado em ruas escuras ou ficar de agarração em alguma esquina pouco movimentada. Dentro de casa, tudo muito discreto. Ficar na casa do namorado era impensável, moça de família não fazia uma coisa dessas.

Os tempos mudaram rapidamente. As namoradas dos meus filhos passam os fins de semana lá em casa. Não sei o que fazem as famílias dessas moças, porque nem sequer telefonam para saber como estão. As duas já chegam com as mochilas e se instalam direto nos quartos, sem a menor cerimônia. Não se preocupam em trazer toalhas de banho nem se dão ao trabalho de colocar os pratos na máquina de lavar. E ainda por cima me chamam de tia!

Domingo passado, vi meu filho arrumar uma bandeja caprichada de café-da-manhã: queijo e presunto enroladinhos, suco de laranja, geléia, patê, um luxo. Estavam comemorando um ano de namoro. Logo ele, que nem entra na cozinha! Até estranhei. Também quero essa mordomia, pelo menos no Dia das Mães!

Só não sei o que faria se estivesse no lugar da minha irmã: a nova namorada do filho solta gemidos de prazer *muito acima dos decibéis convenientes. Não consigo me visualizar deitada na cama ouvindo a trilha sonora da transa de um filho meu! O dela já deu uns toques para a namorada, mas a moça disse que na hora da empolgação não consegue se controlar. E aí? Motel custa caro, a violência da cidade não permite namoros quentes atrás das árvores nem na areia da praia, na casa da moça não dá porque ela divide o quarto com mais duas irmãs. Problema...*

Minha irmã é separada, tinha um namorado que dormia com ela, mas jura que sempre foi discreta. Confesso que acho esquisita essa idéia de estar com um homem na cama e o filho no quarto ao lado. Atualmente, ela está sozinha. Mas como seria a cena, o namorado vendo a moça de camisola transparente circulando pela casa e ouvindo os gritinhos de prazer? Na minha época...

É... isso nos fez pensar nas mudanças substanciais que aconteceram em poucas décadas, especialmente nos grandes centros urbanos. Muitas regras de convivência entre pais e filhos mudaram significativamente, sobretudo no que se refere à possibilidade de namoradas e namorados poderem dormir juntos na casa da família.

Vários fatores contribuíram para isso: a maior liberdade na aceitação da sexualidade, a violência urbana (passou a ser perigoso namorar dentro dos carros ou em lugares mal iluminados), o maior tempo de permanência dos filhos adultos na casa dos pais (a "geração canguru"), o aumento do índice de separações e novas uniões (pais e mães que também levam seus parceiros para casa).

Observamos que, embora em muitas famílias haja o consenso de que namorados e namoradas não podem dormir em casa, nas famílias em que há essa regra de convivência nem sempre é fácil estabelecer critérios para evitar que a casa se transforme em motel: qual o período mínimo de namoro para que a pessoa possa dormir na casa? Qual o grau de compromisso entre eles? Embora pais e filhos saibam que são sexualmente ativos, pode ser perturbador ou constrangedor perceber essa expressão do amor no quarto ao lado.

Curiosamente, ainda nos dias de hoje, muitos jovens alimentam a fantasia de que seus pais não transam: mesmo quando eles próprios curtem o prazer sexual, acham estranho imaginar os pais fazendo o mesmo. E, na relação entre pai e filha, a percepção do envolvimento da moça com o namorado na mesma casa desperta intenso ciúme. Nem sempre é fácil perceber filhas e mães como mulheres que gostam de amor e de sexo!

Outra fronteira importante é delimitar com clareza os limites da privacidade e do bem-estar de todos os moradores da casa. A dona-de-casa que gosta de circular de camisola na cozinha para preparar o café-da-manhã se sentirá tolhida com a presença do namorado da filha. As crianças podem até gostar de brincar e passear com o namorado da mãe, mas, se estiverem acostumadas a acordar no meio da noite para se transferir de quarto, vão reclamar se encontrarem a porta fechada nos dias em que o namorado dorme com a mamãe.

Por isso, há pessoas que optam por resguardar a intimidade dos encontros, mantendo apenas o aspecto social do convívio no espaço da moradia familiar. Ou então fazem acordos no sentido de esperar que todos durmam para que, na calada da noite, discretamente, aconteçam os encontros íntimos, seguidos de uma saída discreta, pé ante pé, para não despertar os demais...

Percebemos que você se incomoda com a falta de colaboração das namoradas dos seus filhos que se hospedam em sua casa nos fins de semana. Se isso ainda não foi abordado nas conversas familiares, vale a pena tentar! Uma boa conversa pode abrir caminhos surpreendentes. Os acordos de bom convívio só acontecem quando todos falam respeitosamente do que sentem e do que acham necessário modificar para preservar o bem-estar de todos. Nem sempre é fácil chegar a um acordo satisfatório, mas ficar agüentando a chateação calada é difícil: isso acaba transparecendo de outro modo. Crie coragem e comece a falar!

6
Romance virtual

Que maravilha namorar pela internet! Bendito o dia em que resolvi entrar numa sala de bate-papo e começar a jogar conversa fora. Brincar de ser outra pessoa, interpretar personagens, mentir descaradamente. Imagine se vou dizer que sou uma arquiteta, casada, com filhos e netos. Nem morta! Tenho vinte e poucos anos, sou estudante, jornalista e tudo o que a minha imaginação mandar. Não sei quem são os homens com quem converso, vai ver que nem homens são. Teatro puro, mas eu me divirto, faço tudo escondido. O que é proibido é mais gostoso.

Minha família nem sonha que eu entro nessas salas. Nem passa pela cabeça da minha neta que foi ela quem me ensinou o caminho das pedras. Adorei! Mas como dizer que a vovó curte paqueras virtuais? Oficialmente, uso o computador para visitar museus, galerias de arte, trocar e-mails e tratar de assuntos profissionais.

Só me arrependo de ter contado minhas aventuras virtuais às minhas duas melhores amigas. Olhos arregalados, queixo caído: "Você?! Isso é adultério virtual, imagine se o Henrique descobre!" O que elas não sabem é que dá um prazer enorme ser malcomportada. E isso porque ainda não tive coragem de encontrar nenhum deles de verdade. E nem de trocar fotos. Não sei se por recato ou por achar que ninguém vai querer sair com uma mulher de 65 anos com muitos quilos a mais.

Impressionante o conservadorismo das mulheres. Quando a gente ousa um pouco mais, elas criticam. Devem estar me achando louca e falando mal de mim. Da mesma forma que eu vejo minha neta criticando a garota que ficou com três na mesma festa. As mocinhas estão muito conservadoras, apesar da criação mais liberal, diferente da minha, educada para sentar com as pernas fechadas e não dar facilidades aos rapazes.

Gostaria de ser mais ousada, mas sou muito reprimida. Estou me correspondendo com um homem de 55 anos (será? Vai ver tem 80) que sabe tudo sobre música clássica. Meu

coração acelera quando ligo o computador e encontro uma mensagem dele. Adoraria ir com ele a um concerto, o Henrique não é ligado em música, acabo não indo. Mas cadê coragem? Imagine se algum conhecido me vê! "O que os outros vão pensar?"
O medo da censura alheia me impede de ultrapassar a barreira dos e-mails. Romance virtual, ousadia idem.

Como você mesma reconhece, nas diferentes gerações de homens e mulheres existem tanto padrões de comportamento liberais como conservadores. A velocidade das inovações tecnológicas é muito mais rápida que o pensamento e o sentimento das pessoas. Muitas possibilidades novas de conhecimento, contato e relacionamento acontecem sem que haja tempo para ser absorvidas e cuidadosamente avaliadas.

Você começa falando do teatro divertido, da brincadeira gostosa de representar várias personagens; em seguida, nos revela o prazer da transgressão, revivendo a eterna adolescente que permanece dentro de nós, rindo sozinha com as suas traquinagens. Mas termina falando do coração acelerado, da gestação de uma paixão virtual. Ao teclar com alguém, nada temos além da palavra escrita para perceber a pessoa real. Mesmo quando estamos cara a cara com o outro, podemos nos enganar e criar em nossos desejos alguém que não existe. No mundo virtual, a imaginação se exacerba.

Em nossa experiência de trabalho, observamos que o resultado dos romances virtuais é, muitas vezes, uma grande confusão, uma fragmentação de contatos e possibilidades ilusórias, em que realidade e fantasia se mesclam, brincadeiras se confundem com coisas sérias, a carência e a solidão se alimentam de esperanças virtuais, a imaginação floresce em solo fértil.

Além disso, a banalização do sexo, o esvaziamento afetivo, a "coisificação" das pessoas transformadas em objetos facilmente descartáveis encontram nos contatos virtuais um vasto território. A utilização das *webcams* pode facilitar a visualização não só do rosto das pessoas que teclam ou conversam em tempo real, mas também a apresentação dos órgãos sexuais ou de *stripteases privés* entre desconhecidos que acabaram de se conectar nas salas de conversa.

Quando você diz que gostaria de ser mais ousada e menos reprimida, pensamos: talvez você esteja sendo saudavelmente cautelosa, sem confundir ousadia com impetuosidade. É importante fazer uma avaliação criteriosa dos riscos. Às vezes, quando "fazemos loucuras", deparamos com conseqüências desagradáveis. Embora muitos casos do chamado "adultério virtual" não resultem em encontros reais, se o cônjuge descobre pode se sentir traído pela troca de mensagens carinhosas ou eróticas, de confidências que revelam uma intimidade que, por vezes, já não existe entre o casal.

Na prática, vemos que, apesar de haver histórias de relações amorosas satisfatórias que começaram com paqueras virtuais, muitos desses encontros são transitórios e vazios de sentido. E são poucas as pessoas que percebem claramente os riscos envolvidos, em que podem ter sua segurança comprometida. Nem tudo o que cai na rede é peixe.

Que tal tentar buscar um pouco dessa intimidade com seu marido? Será que ele também não está carente?

7
Esperança cruel

Mais uma vez ele me prometeu que isso não vai mais acontecer, mais uma vez acreditei. Meus ouvidos ainda doem com aqueles gritos, meu coração dolorido com as palavras cruéis: puta, vagabunda, monte de bosta, você não presta para nada mesmo. E essa tempestade que aparece do nada, ou de tão pouca coisa, dessa vez porque ele chegou em casa e a comida não estava pronta. E aí são dias e dias de cara amarrada, o rancor envenenando tudo. No início eu ficava sem saber o que dizer, o que fazer, tentava me aproximar, ele me dava um fora, berrava para eu calar a boca, ameaçando ir embora e nunca mais voltar, até que percebi que o melhor era ficar quieta, fazendo as coisas que precisam ser feitas, sem palavras, esperando a tempestade passar, porque depois tudo melhora, ele já aceita um abraço, meu jeito de dizer que a gente se ama e que temos tudo para viver bem um com o outro, aí ele cai em si, sem me pedir desculpas, porque não consegue, mas me prometendo que vai tentar não ser tão explosivo, aí eu acredito, ou finjo que acredito, porque sei que ele é assim mesmo, tem gênio ruim, não gosto mas compreendo, dói mas passa, no fundo ele é um homem bom, não deixa faltar nada, embora viva reclamando de que o dinheiro que ele ganha não dá, que eu gasto muito, mas não é verdade, ele nunca vai ao supermercado comigo, não sabe o preço das coisas. Na verdade, faz tempo que não compro nada para mim, ando pelas ruas, vejo roupas bonitas nas vitrines, faço as contas, fica apertado, penso que realmente não preciso, já tenho muita roupa no armário, a gente sai pouco, ele não liga muito para essas coisas, eu também não, tenho calças, blusas, bolsas com mais de dez anos, novinhas em folha, sei cuidar bem de tudo isso.

Às vezes, fico chateada com essa mania dele de achar que tudo o que dá errado é culpa minha, sei que não é, eu me esforço tanto para fazer tudo direito, para não deixar faltar nada na geladeira, ai de mim se o leite acaba e não tem outro, aí, eu viro lixo e vem aquela tempestade de palavras que machucam. "Ainda *bem que ele nunca te bateu", diz minha irmã quando sente que a minha voz está meio triste ao telefone. Penso nisso também, tanta mulher com olho roxo, braço quebrado, tanto homem bruto que maltrata desse jeito. Mas, mesmo sem levar porrada, fico toda dolorida, durmo encolhida, tensa, chorando baixinho para que ele não ouça, disfarçando o olho inchado quando acordo de manhã, porque senão vem outra tempestade reclamando dos meus ataques de frescura e aí é pior ainda. Ele acha que tem direito de ficar de mau humor, de ter pavio curto, e que eu tenho que estar sempre de cara boa, mansinha, se possível alegre, para equilibrar. Fico preocupada com a menina, ela ainda é pequena, mas se assusta quando ele berra comigo. Ainda bem que ele não estoura com ela, pelo menos por enquanto, depois só Deus sabe. Mas não queria que ela crescesse nesse ambiente, com tantas brigas, eu sei porque meus pais brigavam que nem cão e gato, papai sempre ameaçando sumir de casa, mamãe chorando, preocupada, quem é que ia sustentar a família? E eu aqui, tentando segurar as pontas, porque ainda acho que a gente se gosta, e não sei como ainda alimento a esperança de que ele caia em si e passe a me tratar melhor. Ou pelo menos que ele consiga ficar mais tempo sem essas explosões de gênio ruim. Não quero me separar, não dá para jogar fora onze anos, mas viver mais não sei quantos com o clima ruim também não é brincadeira...*

Não conseguimos falar antes de ouvir com total atenção sua angústia, que saiu numa torrente de palavras que nem a deixava respirar. Entendemos que você está profundamente machucada com a violência das condutas intempestivas do seu companheiro e quer descobrir meios melhores de lidar com essa questão.

Em primeiro lugar, é importante que você saiba que, no mundo inteiro, pelo menos uma em cada três mulheres foi vítima de algum tipo de violência, em algum momento de sua vida: esses dados são da Organização Mundial de Saúde (OMS). De todas as formas de violência contra a mulher, a mais comum é a doméstica. Ela é definida como "a ocorrência de violência física, psicológica e/ou sexual praticada por parceiro/a íntimo/a ou outra pessoa que mantém relação de afinidade com a pessoa agredida". O termo "doméstica" se refere ao tipo de relacionamento entre as pessoas envolvidas, e não exatamente ao local onde ela ocorre.

Você sabia que, de todos os tipos de violência contra a mulher, a mais freqüente é a psicológica? Mas nem sempre ela vem sozinha, como tem acontecido com você: também pode estar associada à violência física e/ou sexual. E, se você está pensando em sair dessa relação violenta e ainda gosta dele, não espere que seja fácil. Para algumas mulheres, são necessários muitos anos para colocar em prática a decisão de separar-se.

Como você mesma reconhece, não é fácil pesar os prós e os contras para tomar a decisão de renovar a esperança ou colocar um ponto final numa relação tão sofrida. Você viveu insegura sob a ameaça de rompimento do casamento dos seus pais e teme que sua filha sofra as conseqüências de conviver com as oscilações do seu casamento. Como acontece com muitas mulheres, você consegue alimentar a esperança de que ele aprenda a se controlar e procura compreender, tolerar o "gênio ruim" e os seus ataques de fúria. E depois, quando tudo termina e ele se mostra arrependido, prometendo que nunca mais vai tratá-la assim, isso a motiva a valorizar os aspectos bons do relacionamento ("quando ele está calmo, é muito carinhoso e dedicado à família"). Para algumas mulheres, tudo isso acaba pesando mais do que os momentos difíceis de destempero.

Além da esperança, o medo também dificulta a saída de uma relação violenta. Muitas mulheres temem que o rompimento da relação transforme o companheiro num perseguidor implacável e ainda mais perigoso. Por isso nem sequer ousam procurar uma Delegacia da Mulher ou pedir qualquer outro tipo de ajuda para se proteger do agressor. Mas esse panorama pode mudar: em agosto de 2006, a Lei de Violência Doméstica e Familiar (batizada de Lei Maria da Penha), que tramitava pelo Congresso Nacional desde 2004, foi sancionada pelo presidente Lula. Ela traz várias mudanças, inclusive no que se refere à punição para o agressor: em vez de pagar cestas básicas ou prestar serviços comunitários, a partir de agora ele poderá ser preso em flagrante ou ter decretada sua prisão preventiva e acabar na cadeia por até três anos.

Nesses onze anos de convívio, seu companheiro nunca partiu para a agressão física. Talvez por isso você não esteja tão aprisionada pelo medo de que ele vire um monstro, mas está envolvida pela esperança e pelo conformismo. Muitas mulheres permanecem na relação violenta por achar que "a maioria dos homens é assim mesmo" e que a mulher tem de agüentar, com paciência e determinação, porque (de novo a esperança) "com o tempo ele amansa". A relação é mantida pela crença tradicional: "Ruim com ele, pior sem ele".

O que você pensa de tudo isso que nós falamos? Com qual dessas situações você mais se identifica? Sugerimos que procure uma psicoterapia ou um grupo de apoio para mulheres vítimas de violência: isso aumentará seus recursos para lidar com os problemas e encontrar o melhor caminho para você.

8
Amor novo

Eu estava com a minha filha numa exposição quando vi um rapaz olhando insistentemente para o nosso lado. Pensei: "Ele deve estar achando a minha filha bonita". Aí ele foi se aproximando, puxou conversa sobre os quadros, ficou olhando mais para mim. Pensei: "Ele está disfarçando o interesse por ela, quer agradar à mãe para depois abordar a filha". Nem imaginei que ele estivesse se sentindo atraído por mim!

Minha filha percebeu e se afastou discretamente para ver os outros quadros. Eu e ele ficamos num papo animado, eu o achei muito atraente. Nunca tinha me envolvido com um homem mais novo, embora da boca para fora dissesse que não via nada de mais nisso. Que nada, o preconceito estava lá, tão dentro de mim que custei a perceber o que acontecia.

Estamos namorando há dois anos. A gente sai todas as noites, temos muitos pontos em comum, adoramos visitar exposições, ouvir música, curtir uma cervejinha e jogar conversa fora. Sexualmente, foi uma surpresa muito agradável: ele ainda nem fez 30 anos e eu já tive dúzias de namorados, adoro transar de mil e uma maneiras e ele sabe tudo! Sempre imaginei que teria muito que ensinar a um jovem rapaz na cama, mas que nada, ele não precisa de professora...

Nem tudo são flores. Acho que ainda não superei totalmente o preconceito, porque senão não me perturbaria tanto com os olhares de censura quando estamos andando abraçados pela rua ou em clima de romance numa mesa de bar. Ele não se importa, já namorou mulheres mais velhas, diz que não tem paciência com as moças da idade dele, não tem o menor pudor de me beijar em público, saímos com os amigos dele, bem mais jovens do que eu, e tudo bem.

Também me incomoda a reação da família dele. Não gosto de ir lá, prefiro que ele fique na minha casa. Até entendo, eles querem que ele se case e tenha filhos, e comigo não dá mais, já estou com idade para ser avó, ele é quatro anos *mais velho do que a minha filha. Não é que eles me maltratem, mas são friamente educados, e eu não me sinto à vontade. Também fico insegura quando as amigas procuram me alertar dizendo que é uma relação que não tem futuro.*

Que futuro? Ele diz que não quer ter filhos, o mundo já está povoado demais. Eu trabalho, não preciso de homem para me dar dinheiro. E então? Por que esse tipo de comentário me abala? Já tive namoros que tinham tudo para dar certo pela vida toda e acabaram dando errado... Não há fórmulas infalíveis, não adianta prever o futuro, já houve época em que eu procurava cartomantes, videntes, astrólogos. Agora mergulho de cabeça no presente. Filosofia do Zeca Pagodinho: deixa a vida me levar...

Agora que você está sentindo na pele o efeito do preconceito, percebe como ele se entranha dentro da gente, não é? A ponto de você nem acreditar que estava atraindo o rapaz! O constrangimento com os olhares alheios reflete nosso próprio desconforto quando ousamos romper com os padrões socialmente aceitos.

Embora a maioria dos casais se encaixe nos moldes tradicionais, o namoro entre pessoas de diferentes gerações é mais comum do que se imagina. Quem não conhece ou não viu um casal assim? Um homem com mais de 60 anos com uma jovem com menos de 30; uma mulher de meia-idade com um rapaz da idade do seu filho caçula. O que parece absolutamente normal para uns pode causar verdadeiro repúdio para outros. As pessoas que ficam chocadas com o contraste logo pensam em motivos menos nobres para explicar a "aberração": interesse financeiro, complexo de Édipo, oportunidades de ascensão profissional e outras variantes do chamado "alpinismo social".

A atração, a afinidade, o amor, em suma, o "encontro das almas gêmeas" pode acontecer entre pessoas de diferentes faixas etárias ou de níveis sociais desiguais. O essencial é a alegria de estar juntos, a cumplicidade, o companheirismo, que pode existir entre indivíduos que estão em etapas de vida bem diferentes. Mas, como você mesma diz, não é fácil enfrentar as pressões contrárias para manter um relacionamento que quebra as expectativas familiares. Se você já desaprovou alguns namorados da sua filha, saberá perfeitamente bem o que está por trás dessa receptividade friamente educada da família do seu parceiro. Mesmo que tenha o discurso de "criar os filhos para a vida", a grande maioria dos pais espera que seus filhos se casem e lhes dêem netos.

Sabe qual é a origem do preconceito que condena o relacionamento entre mulheres mais velhas e homens jovens? Vivemos em uma cultura de tradição judaico-cristã, em que o sexo sempre foi tratado como um tabu. Tradições culturais, sociais e religiosas impuseram normas à sexualidade, a serem postas em prática no casamento — a única saída para quem não conseguisse manter-se no celibato — e no ideal da família. O sexo era considerado sujo, vergonhoso, indecoroso, servindo apenas para ter filhos no casamento. Qualquer forma de transar que não fosse com a penetração do pênis na vagina (masturbação, sexo anal e oral) e que não tivesse como objetivo fazer filhos era considerada pecado.

Por certo, você deve estar pensando que essa visão está ultrapassada. No entanto, essa moral sexual está tão arraigada em nosso inconsciente que nem percebemos sua influência em nosso comportamento. Essas raízes são tão profundas que até hoje muitas pessoas têm dificuldades de aceitar a prática do sexo sem a finalidade de ter filhos. Daí a enorme censura e o preconceito que existem quanto ao relacionamento sexual de mulheres mais velhas (principalmente se forem separadas ou viúvas e com homens mais jovens), de gays e de lésbicas, à prática da relação anal e da masturbação, enfim, a todas as maneiras de transar apenas pelo prazer.

Esperamos que esse pequeno resumo da história da sexualidade ajude você a se despir do preconceito e viver plenamente o presente desse amor. Pode até ser que algumas de suas amigas que tentam alertá-la para a falta de futuro dessa relação estejam sentindo uma mistura de inveja e admiração por você ousar superar a vergonha de curtir a maturidade ao lado de um jovem rapaz!

Casa de avó

Meus netos sabem que na minha casa pode tudo. Geladeira cheia de chocolates, iogurtes, sorvetes, bolo fofo na cozinha. Estou com mais de 20 quilos sobrando, mas acho que comer o que a gente gosta é um dos maiores prazeres da vida. Minhas filhas e minhas noras vivem de dieta, coitadas. Dá pena, porque essa mania de emagrecer acaba tirando o prazer de comer dos meus netos, dos meus filhos e dos meus genros. Guloseimas não existem, refrigerante só nos fins de semana, é a tirania da balança.

Eles me criticam porque na minha casa tem tudo o que é proibido na deles. Aí os netos fazem a festa: comem o que querem e só dormem quando estão caindo de sono. Eles acham que estou deseducando, dizem que dá o maior trabalho colocar limites e que, depois que eles saem daqui de casa, volta tudo à estaca zero. As crianças ameaçam se mudar para minha casa quando eles cobram as obrigações. Meus filhos se queixam de que eu como mãe não era assim, que vivia ditando regras e infernizando a vida deles.

Amoleci, é verdade. Meu marido era militar, havia muita disciplina lá em casa, horário para tudo, cobrança com os estudos e com a arrumação dos quartos. Eu me casei muito nova, logo tive os cinco filhos e tinha medo de que algum deles saísse ao meu irmão do meio, que não gostava de estudar, já passou dos 40 e ainda depende dos meus pais.

Graças a Deus conseguimos criar uma família unida, nenhum deles nos deu dor de cabeça. Estudaram, trabalham, casaram e tiveram filhos. Tudo como deve ser. Mas confesso que é muito cansativo educar vigiando, orientando, exigindo boas notas e respeito pelos horários. Quando nasceu o primeiro neto, senti uma emoção muito grande, uma nova geração na família. Olhei aquele bebezinho, me lembrei de quando meu primeiro filho nasceu, agora ele já é homem feito, o tempo passa tão depressa! Foi aí que comecei a pensar que talvez tudo acabasse dando certo mesmo se eu não tivesse sido tão rigorosa.

Pronto, foi assim que virei essa avó de coração mole. Estou sempre disponível quando um deles me telefona querendo sair para comprar alguma coisa ou jantar no restaurante preferido. Aos domingos, toda a família se reúne, adoro a casa cheia. Depois que fiquei viúva, vivo só para eles. Nem penso em namorar, seria muito difícil encontrar um companheiro tão especial como foi meu marido. E também porque eles me pediram que não me casasse de novo, não querem ver ninguém no lugar do pai. Sei que tenho o direito de refazer minha vida, que é egoísmo da parte deles, mas é assim que me sinto realizada, pronta para fazer tudo de que eles precisam.

É muito
interessante a maneira como você descreve sua passagem de mãe disciplinadora e exigente para "avó pode-tudo". Transmite uma sensação de leveza e de alegria que talvez você nunca tenha sentido tão intensamente devido ao peso da responsabilidade de criar filhos competentes e responsáveis. Mas algo essencial permaneceu nessa passagem: o compromisso de se dedicar integralmente à família.

Mesmo com a emancipação feminina, a tradicional função da mulher como cuidadora continua a ser muito valorizada. Muitas mulheres nos dizem que se sentem plenamente realizadas com isso. E mais: ficam constrangidas quando atravessam períodos em que precisam receber cuidados por estar doentes ou por ter passado por perdas importantes que as deixaram mais vulneráveis.

Seu maior temor é "dar trabalho" ou "ser um peso para os outros"? A realização pessoal com o papel de cuidadora envolve a alegria de ser solicitada e valorizada, de sentir-se útil e necessária para o bem-estar daqueles que ama. Cercadas de gente que precisa de seus cuidados, as mulheres exorcizam o fantasma da solidão, da falta de sentido da vida.

E a relação de troca? Os filhos adultos também podem cuidar dos pais. Dar a eles a oportunidade de cuidar carinhosamente de você significa vê-los como adultos solidários, e não como eternas crianças que precisam de você o tempo todo. Quem cuida dos seus aspectos frágeis? Quem a abraça quando você precisa de aconchego? Certamente, você, como todo mundo, não tem somente pontos fortes!

Sabemos que existem pessoas que realmente não sentem necessidade de se colocar em primeiro plano. Experimentam grande alegria de servir aos outros. Quem dedica parte do seu tempo a trabalhos voluntários relata esse sentimento de realização pessoal ao prestar ajuda aos mais necessitados. Em muitas escolhas profissionais (enfermagem, medicina, psicologia), esse componente tem um peso importante. Mas essas pessoas, quando não pensam ao menos um pouco em si mesmas, correm o risco de ser exploradas e acabam se enredando numa teia de expectativas e solicitações infindáveis. Terminam passando para os outros a falsa impressão de que são incansáveis, não precisam receber coisa alguma e possuem recursos inesgotáveis de doação. Mas gente de carne e osso não é assim!

Acreditamos que o maior desafio das mulheres que, como você, priorizam a função de cuidar é estabelecer a fronteira entre ajuda e interferência. Essas mulheres, no anseio de ajudar a criar os netos, nem sempre conseguem perceber que criticam e censuram filhos, genros e noras por terem estilos diferentes de educar. Por outro lado, a condição de avó permite a criação de um vínculo especial que tem muito valor, marcado pelo acolhimento, pelos bônus especiais dos pequenos mimos, pelo prazer dos momentos compartilhados sem a responsabilidade principal pela criação.

Esperamos que, ao encontrar o equilíbrio necessário entre cuidar bem de você mesma e dos outros, consiga alcançar ainda mais satisfação e alegria na vida!

10
Prazo de validade

Meus irmãos adoram me sacanear. Quando estou quase fazendo dois anos de namoro, começam a dizer que o prazo de validade está expirando e que falta pouco para o cara rodar! O pior é que eles estão certos. Estou chegando aos 30, e meus namoros duram de dois meses a dois anos, no máximo. Quando não levo o fora antes, acabo enjoando, não tenho paciência para ficar ouvindo as mesmas histórias, as mesmas piadas, o mesmo jeito de falar bobagens na cama e outras mesmices. Gosto de variar, não entendo as amigas que ficam com o cara mesmo que a relação não esteja boa para evitar a chatice de começar tudo de novo e contar mais uma vez as mesmas histórias, dizer do que gostam, caprichar no visual para impressionar nos primeiros encontros. O que elas acham uma mesmice eu acho empolgante; adoro novidades.

Pelo visto, não vou conseguir me casar; a rotina me deixa entediada. E não tenho a menor tolerância para comportamentos machistas. Fico possessa quando vejo uma amiga mudando a maneira de ser para agradar ao cara. Isso é o fim! Aquele papo de "mulher minha não usa roupa decotada, mulher minha não pinta as unhas de vermelho" é inadmissível. "Mulher minha", vê se pode! O cara se acha o dono, o proprietário. O namorado de uma amiga diz que dá trabalho proteger o "material" dos gaviões. Ela virou "material", que horror! Mas ele bem que olha para as gostosonas, na cara dela, ela reclama, e ele diz que a carne é fraca. Ela que se atreva a olhar para um saradão, aí fecha o tempo...

Sou tão resistente ao machismo que não gosto nem quando, no auge do tesão, o cara me diz: "Você é só minha, toda minha, eu quero te possuir!" Cruzes, para mim isso é brochante, mas tem mulher que se desmancha toda quando escuta uma coisa dessas.

Machismo e ciúme à parte, bem que gosto de aconchego, dia chuvoso, a gente embaixo das cobertas, bem agarradinhos. Beijo salgado de pipoca no cinema é bom também. Viajar num fim de semana e ficar de bobeira num lugar *legal. Gosto dessas coisas, mas acabo enjoando da companhia. Por que será que isso acontece? A mãe de uma amiga minha, que é psicanalista, acha que tenho medo de me envolver mais profundamente, de me entregar e depois ser abandonada. Talvez tenha a ver com meu pai, que se apaixonou por outra mulher, foi morar longe e não quis mais saber da gente. Pode ser que o tal prazo de validade tenha a ver com essa história, mas não quero ficar mexendo na minha cabeça para futucar essas coisas do passado. Deixa rolar...*

Ouvindo você falar, pensamos na mistura de medo e desejo que existe dentro de todos nós. O desejo de ter um relacionamento estável de confiança e dedicação vem junto com o medo de perder a liberdade, a individualidade das escolhas e as novas oportunidades que surgem. Pelo pouco que você contou de sua história, parece que o desejo de entregar-se profundamente a um amor vem junto com o medo de perder a própria identidade ou de sofrer abandono.

E esse gosto pelas novidades? Você troca de celular assim que um modelo novo é lançado, mesmo que o seu esteja atendendo perfeitamente bem às suas necessidades? Em que medida esse comportamento de jogar fora as pessoas sem ao menos se dar o tempo de conhecê-las melhor reflete o consumismo que nos induz a pensar que o produto novo é melhor do que o antigo? Você se alimenta com a esperança de que, se o namorado da vez não preencher as expectativas depois dos primeiros tempos de encantamento, o próximo será melhor? Não necessariamente!

Construir um relacionamento é um processo que depende de tempo e paciência, coisas que não combinam com a cultura da satisfação imediata. Relacionamentos rapidamente consumidos e descartados começam e terminam no impulso, sem tempo de nutrir o desejo e desenvolver o amor.

Será que "enjoar do cara" significa que você tem dificuldade para descobrir novos aspectos na mesma pessoa e novas possibilidades no mesmo relacionamento? Talvez seu curto prazo de validade esteja também ligado a uma exigência enorme, que dificilmente uma relação duradoura poderá preencher. Mas isso não acontece só com você: à medida que a mulher adquiriu maior liberdade de experimentar vários relacionamentos, os padrões de exigência aumentaram, e o grau de insatisfação, também.

A tolerância à frustração e a paciência para construir um relacionamento de longa duração nem sempre são suficientes para enfrentar as dificuldades que surgem. Assim como você, muitas mulheres sonham em ter um relacionamento em que o tesão esteja sempre nas alturas e a rotina não traga desgastes para a vida a dois, mesmo que isso pareça impossível de alcançar.

Os padrões de relacionamento amoroso estão confusos, como você mesma reconhece quando fica indignada com o machismo e a submissão das suas amigas aos desejos dos namorados. Pensamentos conservadores coexistem com atitudes liberais: o cara proíbe a mulher de usar um decote generoso, mas quer que ela divida a conta do restaurante; ela não quer perder a liberdade de sair sozinha com as amigas, mas se aborrece com o namorado porque ele não demonstra ciúme. Mesmo entre jovens mais conscientes da questão do machismo, as condutas possessivas de controle e dominação da mulher estão presentes. E muitas se submetem, na esperança de agradar aos homens e manter o relacionamento.

Achamos que, se você superar o medo de "mexer em sua cabeça" (que não é uma casa de marimbondos!), poderá descobrir quais são os ingredientes básicos dos "prazos de validade" curtos. O medo de perder sua liberdade de voar de flor em flor vem junto com o desejo do aconchego, da intimidade de um relacionamento amoroso que precisa de tempo para se desenvolver. Mas será que você não está prisioneira desse medo de perder a liberdade? E, com isso, não estará se impedindo de viver um amor que preencha seus anseios mais profundos? Vale a pena mergulhar dentro de você mesma e se conhecer melhor!

11
Solitária

Não sinto falta de gente, por mais incrível que pareça. Gosto da minha companhia, me distraio com muitas coisas, não tenho vergonha de sair sozinha para ir ao cinema, ao teatro ou comer num bom restaurante. Também não tenho a menor dificuldade de viajar desacompanhada. Odeio excursão, não suporto conviver com desconhecidos, obedecer a programas e horários. Duas horas para ver um museu inteiro, absurdo total. Visitar doze países em três semanas, nem morta. Não abro mão da liberdade de decidir o que vou fazer da minha vida. É bom demais ser dona do meu tempo, viver sem ter que dar satisfações a quem quer que seja.

Aprendi a me virar sozinha desde menina. Meus pais eram pouco sociáveis, e cresci sem irmãos e sem amigos, porque eles não gostavam de convidados lá em casa. Então eu brincava sozinha, gostava de desenhar e de inventar histórias com as bonecas. Casei cedo, com meu primeiro namorado, que também era esquisitão, só pensava em trabalhar. Apesar da boa condição financeira, saíamos pouco, não tivemos filhos e vivíamos isolados. Como ele era muito ciumento, não gostava que eu saísse sozinha, não queria que eu trabalhasse nem estudasse. O jeito era ficar me distraindo em casa, com música, livros, televisão e as receitas que eu sempre gostei de experimentar na cozinha.

Não fui feliz no casamento. Ele era muito frio, indiferente até. Como foi meu primeiro e único homem, eu não tenho outras referências, mas não cheguei a me interessar por sexo. Nem podia pensar em me separar: sem estudo e sem experiência de trabalho, não chegaria muito longe, e, na verdade, estava acomodada.

Ele morreu de repente, do coração. Foi estranho ficar viúva de uma hora para outra, demorei três semanas para tirar a aliança. Meus pais já haviam morrido, fiquei realmente sozinha, eu cuidando de mim. Mas não me afundei na tristeza. Ao contrário, senti até certo alívio: tinha uma boa situação *financeira e total liberdade de escolha. Pensei: agora é a minha vez, ninguém mais me segura!*

Conheci muita gente, mas não quis fazer amizades. Percebi que alguns se interessaram pelo meu dinheiro, não pela minha pessoa. Não tenho paciência para muita conversa, logo quero ficar quieta no meu canto, ocupada com as minhas coisas. Passei a vida inteira sozinha, já estou acostumada. Sei que os vizinhos me acham esquisita porque não participo da vida social do condomínio. No princípio, inventava desculpas, agora nem me convidam mais. Quando fiquei viúva, algumas mulheres tentaram se aproximar, mas também não dei muita conversa. Desistiram também.

De homem, não sinto a menor falta. Acho perfeitamente possível viver bem sem sexo e sem um relacionamento afetivo. Não consigo entender as pessoas que têm horror à solidão. Deus me livre de viver invertendo o ditado: antes mal-acompanhada do que só. Sou tão auto-suficiente que prefiro dizer: antes só do que mal ou bem-acompanhada.

Pela história que você nos contou no grupo de mulheres, sua vida foi um longo preparo para a solidão. Ao contrário do que muitos pensam, nem sempre solidão rima com depressão. Com poucas oportunidades de convívio, você criou um mundo próprio, onde parece se sentir à vontade e bem protegida: desenvolveu uma grande amplitude de interesses e gosta de si mesma como companhia.

O grau de necessidade de contato e de envolvimento afetivo varia muito entre as pessoas. Embora o sexo seja considerado uma necessidade fundamental, não só para a reprodução mas também como expressão da afetividade, há pessoas que sentem pouco desejo sexual e outras que, como você, se sentem felizes sem ele. Investem sua energia vital em outros interesses e escolhem, por toda a vida ou a partir de uma determinada época, viver sem um envolvimento amoroso ou em abstinência sexual. Conhecemos casais que mantêm um casamento feliz mesmo sem transar: dividem despesas, gostam da companhia um do outro, dedicam-se à criação dos filhos ou aos netos, fazem projetos em conjunto.

Não existem apenas um ou dois estilos de vida (o dos solteiros e o dos casados) nos quais as pessoas devam se encaixar para serem consideradas normais. A escolha pela solidão pode ser fruto de experiências de rejeição, isolamento, decepção. A partir daí, algumas pessoas criam uma couraça defensiva contra o sofrimento ("já que vou ser abandonada ou explorada, é melhor acreditar que sou auto-suficiente e não preciso de ninguém") para não correr o risco de uma nova desilusão. Desistir de procurar uma parceria amorosa pode também refletir a dificuldade de construir uma relação duradoura, após várias tentativas que não deram certo.

Pensamos ainda nas pessoas que escolhem o celibato em razão de outros ideais que necessitam de total dedicação ou até mesmo para se aprofundar em estudos ligados ao desenvolvimento da espiritualidade. Nesses casos, a pessoa se realiza com o Amor Universal, transcendendo o desejo de encontrar um parceiro amoroso e sublimando o desejo sexual.

Nas suas andanças, você conheceu muitas pessoas, mas, ao que parece, nenhuma conseguiu conquistar sua confiança. A dificuldade de construir uma relação de confiança, de selecionar amizades e ver que todos nós temos qualidades e defeitos parece ter provocado em você uma enorme retração. E, então, ter apenas a si mesma como amiga, com total liberdade de ir e vir, passou a ser a opção mais satisfatória e menos arriscada. Se você realmente se sente feliz com o que escolheu, vá em frente!

12
A fila anda

Nesse fim de semana, a contabilidade foi alta: na sexta, peguei cinco na boate, no sábado foram sete numa festa paga, com bufê de comida japonesa e um DJ fantástico. Cheguei em casa às seis da manhã, meus pais furiosos porque desliguei o celular para eles não ficarem me enchendo o saco com essa babaquice de horário para chegar em casa. Eu, hein! Estou com 18 anos, tenho mais é que me divertir, a vida é uma só e a juventude passa rápido. Aí eles me dizem que a gente pode aproveitar a vida em qualquer idade, mas é só olhar para a vidinha desinteressante que eles levam para chegar à conclusão de que isso é papo furado.

Agora imagina se eu vou ter condições de me divertir quando tiver que trabalhar o dia inteiro que nem meu pai! Minha mãe leva vida de dondoca, almoça com as amigas, organiza chás, vai bater pernas no shopping, depois diz que está exausta. De quê? Não faz nada de produtivo! Mesmo assim, não acho que ela tenha uma vida interessante. Aliás, para ser sincera, não conheço nenhum adulto que viva do jeito que vale a pena. Por isso é que faço questão de aproveitar ao máximo, porque falta muito pouco para eu virar adulta e entrar no mundo da chatice.

Das doze bocas que beijei no fim de semana, sobraram quatro no meu celular. De três eu nem me dei ao trabalho de pegar o telefone, os outros deletei. Os dois que sobraram da semana passada deletei também, ficaram me telefonando quase todos os dias, e eu não suporto cara grudento. Continuo de rolo com aquele com quem senti muita afinidade, o cara sabe beijar, na sexta-feira fizemos um oral maravilhoso no sofá da sala e também rolou uma transada muito legal no quarto dele. Ele é muito fofo, com aquele furinho no queixo e aquela bunda redondinha, gostosa de agarrar.

Ele me ligou hoje cedinho, vamos nos ver amanhã, finjo que vou para a escola e mato aula de novo, azar. Tenho mais é que aproveitar a vida. Mas não sei se quero namorar;

aliás, não consigo me fixar em ninguém, sempre acho que posso encontrar alguém mais interessante na semana seguinte. Ainda estou na fase de conhecer um monte de caras, sair por aí beijando muito, transando muito. Tem uns carinhas que ficam chocados porque sou muito desinibida, vou logo direto ao assunto, sem enrolação. Quero satisfazer minha curiosidade, curtir o tesão. Nada de me amarrar por enquanto. Acho um tédio minhas amigas namorando o mesmo cara dois, três anos, fazendo programinhas bem-comportados. Caretice demais, eu quero ir pra night, *a fila andando, quantidade: qualidade fica para depois. Se é que algum dia vou conseguir me apaixonar por alguém...*

Dezoito

anos... Você está na passagem da adolescência para a idade adulta. Que tal pensar mais a fundo nesse preconceito que faz você imaginar que a vida dos adultos é irremediavelmente desinteressante? Ou será que você acha que "curte todas" sem perceber as chatices da adolescência? Como na maioria dos adolescentes, predomina em você a curiosidade da experimentação. Descobrir a vida pode ser uma tarefa muito excitante. Tudo é novidade e tem de ser vivido intensamente, para ontem. É nessa fase da vida que muitos descobrem como o sexo pode ser bom, mas também arriscado quando feito sem proteção.

Uma das formas de viver a afetividade é por meio da prática do *ficar* ou, mais recentemente, *pegar*. Na verdade, nem todos os adultos sabem que *ficar* ou *pegar* significa um relacionamento sem compromisso ou vínculo, variando desde beijar na boca até transar com uma ou mais pessoas, às vezes em uma só noite. Mas isso pode acontecer em qualquer faixa etária, e não somente entre os adolescentes. Você mergulhou de cabeça nessa experimentação, mas ainda não se permitiu explorar os encantos de um namoro duradouro. Como suas amigas já sabem, isso pode ser mais interessante do que entediante...

Com dezenas de canais de televisão, muita gente fica clicando o controle remoto sem conseguir assistir a um programa inteiro. Da mesma forma, há quem fique pulando de galho em galho sem se dar oportunidade de conhecer melhor as pessoas que lhe despertam interesse. Ambas são formas de se perder com tantas possibilidades de escolha. Mas a partir de que ponto essas escolhas nos conduzem a bons caminhos? A busca frenética de novas sensações e a curiosidade sem limites dificultam a compreensão do que realmente significa a afetividade.

A liberação sexual, em muitos casos, vem acompanhada da repressão do afeto. Você nos conta que, às vezes, transa de primeira, sem inibições. Mas morre de medo de dizer "eu te amo" e se defende com unhas e dentes de todo e qualquer envolvimento afetivo, não é verdade? O resultado é uma multiplicidade de relacionamentos que não passam da primeira etapa, são instantaneamente descartados pelo medo de ficar presa a qualquer tipo de compromisso.

É bom que você saiba que, segundo uma pesquisa recente do Ministério da Saúde, mais de 70% dos jovens brasileiros entre 15 e 24 anos já tiveram relações sexuais, e 37% iniciaram a vida sexual antes dos 15 anos, o que mostra que nossos jovens estão transando cada vez mais cedo. Somente 40% usam camisinha nas relações sexuais, independentemente da parceria (fixa ou eventual), apesar de a grande maioria citar espontaneamente a relação sexual como forma de transmissão do HIV. Está claro que o problema não se restringe apenas ao início da vida sexual na adolescência, mas também à capacidade de se proteger de situações como uma gravidez indesejada e a contaminação por DST/aids. E as estatísticas comprovam: aproximadamente metade dos casos novos de aids em todo o mundo acontece na faixa etária entre 15 e 24 anos.

Resolvemos oferecer essas informações para que você reflita mais a fundo sobre como está cuidando de você mesma e das escolhas que está fazendo em sua vida!

13
Contágio

No ambulatório, entrou uma paciente que mal me cumprimentou: enfurecida, jogou o resultado do exame na mesa, perguntando que bicho era aquele que tinha dado no preventivo. O diagnóstico era claro: ela sabia que estava com uma doença sexualmente transmissível. "Foi aquele safado do meu marido que me contaminou!", desabafou, acrescentando que ia chamá-lo lá fora.

Um minuto depois, entrou com ele, cabisbaixo, para me apresentar: "Agora, doutora, fale com esse canalha o que vamos precisar fazer para eu ficar curada!" Antes que eu pudesse dizer alguma coisa, ela começou a bater nele na minha frente, ele tentando segurá-la para se defender e ela cada vez mais furiosa. Tive de me levantar, dar um tapa na mesa e falar energicamente que eles poderiam brigar em casa como quisessem, mas que na minha sala deviam se sentar e prestar atenção no que eu tinha a dizer sobre o tratamento.

Saí do trabalho naquele dia pensando nas mulheres contaminadas que atendo com tanta freqüência: desde os casos menos graves, facilmente tratáveis, como o desse casal (o micróbio, não o relacionamento), até os casos difíceis de contaminação pelo HIV. É chocante ver o olhar perplexo e dolorido das casadas e fiéis que jamais imaginaram o marido bissexual ou contaminado por outra mulher e aquelas que preferem negar o risco de contaminação pelo uso de drogas injetáveis. É surpreendente ver a dificuldade que alguns colegas têm de entender o desejo de algumas mulheres soropositivas de engravidar com parceiros que concordam em se expor ao vírus para ter filhos com elas. É o medo de morrer antes de ver o filho criado coexistindo com o sonho de ser mãe.

Às vezes me pego pensando na vida dessas mulheres que atendo. É tanta barra-pesada, tanta desilusão, tanto desamor. Mas a maioria delas não se deixa vencer pelas dificuldades. As guerreiras encaram os problemas, dão a volta por cima, vão à luta. De certa maneira elas me ajudam, quando me vejo fazendo tempestade em copo de água...

Quando trabalhamos na capacitação de profissionais de saúde, uma questão que comumente surge é: quem cuida dos cuidadores? Por mais que a gente mantenha uma postura firme para atender com eficiência sem se deixar envolver com os problemas dos pacientes, a vida dessas pessoas nos toca em muitos momentos. Quem nunca sofreu decepções ou a dor de um desamor?

Outra grande questão é como lidar com os conflitos de relacionamento que acontecem no atendimento. Você nos relata um episódio delicado, em que o choque e a desilusão da sua paciente se expressaram pela raiva indignada e pela agressão ao parceiro. Nesses momentos, o profissional precisa adotar, como você fez, uma postura enérgica e, ao mesmo tempo, compreensiva para colocar os limites devidos e se fazer ouvir para orientar o tratamento.

Não é fácil transmitir informações relevantes quando as pessoas estão emocionalmente perturbadas nem quando estão resistentes a modificar comportamentos de risco. Esse é também o grande desafio das campanhas de prevenção. Como fazer as pessoas realmente acreditarem que as doenças sexualmente transmissíveis (DST) estão entre os problemas de saúde pública mais freqüentes em todo o mundo e transformarem esse conhecimento numa prática concreta de prevenção?

Sabemos que, de acordo com as estatísticas da OMS, ocorrem, a cada ano, em torno de 333 milhões de novos casos curáveis de DST não-virais em pessoas entre 15 e 49 anos. Se considerarmos a estatística de casos de aids (uma DST até o momento sem cura), os números são ainda mais alarmantes: só em 2006, mais de 4 milhões de pessoas foram contaminadas pelo HIV, quase 3 milhões morreram de complicações relacionadas à doença e estima-se que cerca de 40 milhões vivam com vírus em todo o mundo. No Brasil, aproximadamente 10 milhões de indivíduos têm uma DST. Mas como transmitir esses dados frios de modo que atinjam o núcleo emocional das pessoas (inclusive dos próprios profissionais de saúde que conhecem esses números, mas, aparentemente, acham que nada disso acontecerá com eles)?

Nós, profissionais de saúde, também somos gente de carne e osso. É duro dar o diagnóstico de uma doença grave, especialmente para uma pessoa contaminada que não apresenta muitos sintomas. Como convencê-la a se cuidar para não transmitir a doença e a fazer o que é necessário para o tratamento? Inevitavelmente, pisamos em ovos quando precisamos comunicar a uma pessoa que ela está com uma DST, pois o conhecimento dessa condição muitas vezes acarreta a desconfiança em relação à fidelidade do parceiro e desperta sentimentos de tristeza, raiva e mágoa. E teremos de lidar com tudo isso na consulta.

Pelo seu relato, percebemos que você se sensibiliza com os casos de mulheres e jovens, que são as mais vulneráveis à contaminação por DST/HIV. As estatísticas mostram a dura realidade: as mulheres se contaminam cada vez mais com o vírus da aids, chegando a quase 50% dos casos notificados.

E você? A quem recorre em seus momentos difíceis? Quem cuida também precisa de cuidados!

14
No vermelho

Meu marido está desempregado há quase três anos, só consegue arrumar trabalhos temporários. Estou segurando a barra com meu emprego de funcionária pública, não ganho muito, mas pelo menos tenho estabilidade e um dinheiro certo no fim do mês. É a maior ginástica para comprar comida, pagar as contas e a escola das crianças. Tudo isso sem ajuda da família, que está em situação pior que a nossa. Mesmo cortando todos os supérfluos, estou pendurada no cheque especial, desesperada com os juros estratosféricos.

Vivo estressada, com pavio curto. Cobro mais ação do meu marido, mas entendo que o mercado de trabalho não está fácil. Não gosto da inversão dos papéis: eu o dia todo no trabalho e ele tomando conta da casa e das crianças, fazendo a comida, cuidando da roupa, porque agora só temos faxineira uma vez por semana.

Estou cansada, angustiada e sem tesão. Nem adianta ele me procurar ou ser carinhoso, não consigo me entusiasmar. Será pelo cansaço ou porque não o admiro mais? Eu o vejo derrotado quando não consegue coisa alguma depois de mais uma tentativa... E aí fica com um mau humor do cão, reclamando da vida, do governo, da economia, até de Deus. Tento ser compreensiva, mas na verdade sinto raiva, no fundo eu o culpo por ter perdido o emprego e o acho incompetente por não conseguir arranjar outro.

Fico pensando no que aconteceria se fosse eu a desempregada e ele sustentando tudo. Talvez fosse mais suportável viver no aperto, porque o homem sempre teve esse papel de sair para trabalhar e ganhar dinheiro, e a mulher cuidando da casa e da família. Por mais que saiba que há muitas mulheres como eu, não acho isso normal nem natural. Não gosto de ser o homem da casa. Fico ressentida, chateada, enraivecida e, ao mesmo tempo, tento ser mais solidária, me sentir privilegiada pelo emprego garantido, e me culpo por estar tão revoltada por ter um marido dono-de-casa.

Dinheiro é um problema. Quando nós dois trabalhávamos, cada um tinha sua conta e fazíamos uma divisão de despesas. Agora é ele quem movimenta a conta conjunta para pagar as despesas, mas eu fico de olho para ver como ele está gastando o "meu dinheiro", porque os encargos correm todos por minha conta. Às vezes ele não resiste e compra um presentinho fora de hora para as crianças, uma garrafa de vinho para nós. E eu reclamo, isso é horrível, porque sei que vai faltar para coisas essenciais.

Estou amarga, sem romantismo, sem achar graça nas pequenas surpresas, mas a vida não pode se resumir a trabalhar e pagar contas. Há tempos não compro uma roupa nova, perdi o gosto de me arrumar, endureci. Mas não quero me esquecer de ser mulher.

Você está sentindo na pele o poder das imagens culturais: desde que somos crianças, aprendemos como homens e mulheres "devem ser" e achamos muito estranho viver de outro modo. Sentimos que alguma coisa está errada com a gente. A mulher que sustenta a casa se vê e é vista como aquela que "veste as calças", assumindo o papel do homem. Passa a ter o poder e o controle nas decisões de como o dinheiro deve ser gasto: como você mesma diz, o "nosso dinheiro" passou a ser o "meu dinheiro". Ao ver seu marido envolvido com os afazeres domésticos e cuidando dos filhos, você o percebe como menos másculo, quase "feminino". Essa inversão dos papéis tradicionais, mesmo quando temporária, prejudica o equilíbrio de muitos casais.

É claro que a sua angústia não surgiu apenas por causa da troca de papéis: o desemprego dele alterou o orçamento doméstico, as contas não param de chegar e, por mais que vocês cortem os gastos, acaba sobrando mês no seu salário. A preocupação constante com o dinheiro mostra que você se sente responsável por não deixar faltar o essencial para a sua família, e isso provoca cansaço e irritação, principalmente quando você percebe que ele não está angustiado na mesma proporção ou deixa de tomar algumas iniciativas de batalhar pela vida. Acontece que muitos homens se deprimem com o desemprego e com a dificuldade de se recolocar no mercado de trabalho. O desânimo e a descrença paralisam a ação. Mas será que a garrafa de vinho e outros agrados fora de hora não são tentativas de amenizar o estresse nesse período tão duro que vocês estão vivendo?

É verdade que o desejo sexual feminino é uma caixinha de surpresas: a gente nunca sabe o que vai encontrar. Quando você vê seu marido como fraco, passivo, sem garra, passa a se desinteressar por ele. Mas não é só com você que isso acontece: para a grande maioria das mulheres, além da atração física e do carinho, a admiração é um ingrediente poderoso do tesão. Afinal, a sociedade nos condicionou a esperar que os homens sejam mais altos, mais fortes e mais ativos do que nós. Especialmente para as mulheres que trabalham fora de casa, o estresse do dia-a-dia, a rotina, a sobrecarga de funções, as preocupações e o cansaço também podem diminuir o interesse pelo sexo.

Entendemos que não é fácil construir outros modelos de convívio entre homens e mulheres, diferentes dos padrões tradicionais. As mudanças sociais acontecem com uma velocidade muito maior do que as mudanças das nossas emoções e sentimentos. Você sabia que, pelo Censo do IBGE de 2000, cerca de 30% das famílias brasileiras são chefiadas por mulheres? Mas, como você mesma diz: "Não gosto de ser o homem da casa". Sua raiva vem da frustração e talvez do medo de que ele se acomode nessa situação de "dono-de-casa", esperando por você e até mesmo sendo carinhoso e receptivo para lhe oferecer "o repouso da guerreira". Pare e pense: quais os aspectos positivos dessa inversão de papéis que vocês podem aproveitar melhor? Será que essas mudanças que estão ocorrendo com tantos casais ajudarão a mudar a maneira de educar meninos e meninas? Afinal, ambos podem aprender a cozinhar, cuidar da roupa e da limpeza da casa, pois essas são tarefas de pessoas, e não apenas das mulheres.

Essa pode ser uma oportunidade de valorizar a importância das tarefas domésticas. Gostamos de descobrir que, na Itália, a Associação dos Donos-de-Casa foi formada por homens que assumiram os cuidados domésticos, seja em divisão de responsabilidade com a mulher, seja se dedicando à casa e aos filhos enquanto as esposas trabalham em horário integral. Você acha muito difícil mudar sua cabeça para se adaptar a esses novos tempos?

15
Prestígio

Mais um cara legal que sumiu de repente... Não entendo qual é a desses homens de hoje, que desaparecem sem dar notícias. Saímos poucas vezes, mas foi intenso: bons restaurantes, um fim de semana num hotel cinco-estrelas, o cara tem grana. Eu nem me coço: a bolsa fica no meu colo, fechadinha, o homem é que tem de pagar tudo mesmo.

Tenho uma amiga muito doida que não concorda comigo, faz questão de dividir a conta. Diz que, se ela trabalha e também ganha dinheiro, não é justo que o homem pague pelos dois. Vai ver ela se sente uma puta quando o homem paga as coisas para ela. Coisa esquisita...

Não concordo com esses pensamentos feministas. Até gosto de trabalhar, mas não dispenso essa mordomia de ter um homem para bancar meus passeios. Para curtir minha companhia, tem de pagar! Tenho um amigo que paga as saídas com as mulheres, mas valoriza quando elas têm a atitude de oferecer alguma coisa, nem que seja o estacionamento ou a pipoca do cinema.

Não costumo oferecer coisa alguma. Eu me sinto prestigiada quando os homens pagam tudo. Não me imagino abrindo a bolsa para dividir uma conta e muito menos tomando a dianteira para comprar as entradas do cinema. Dividir conta de motel, nem pensar! Gosto que o homem abra a porta do carro, puxe a cadeira no restaurante, esse cavalheirismo de antigamente eu acho o máximo. Minha amiga diz que os homens podem prestigiar as mulheres de outras maneiras, mas nunca me disse quais são.

Será que todos os homens que desaparecem se sentem explorados com a minha atitude? Um deles teve a coragem de me dizer isso, quando liguei para reclamar que ele tinha sumido sem dar satisfações. Ele disse que dava duro para ganhar um salário que estava longe de ser maravilhoso, que eu também trabalhava e ganhava o meu e nunca tive a gentileza de levar *uma garrafa de vinho quando ele fazia um jantarzinho romântico na casa dele. Ficou magoado e preferiu sumir. Só me confessou isso por telefone porque se irritou com a minha cobrança. Mas nem por isso mudei meu modo de pensar. Tenho amigas casadas que exploram de verdade os maridos e eles nem se incomodam. Ainda hei de encontrar um homem que me prestigie dessa maneira...*

Percebemos

que você está desapontada com mais um encontro que não se desenvolveu num relacionamento amoroso. No entanto, quando você definiu o "cara legal", só mencionou programas em que ele gastou muito dinheiro em sua companhia. Não sabemos se ele tem uma conversa interessante, se é atencioso e carinhoso com você, se há sintonia pessoal e tantos outros detalhes que podem entrar na definição de "cara legal".

Na sua definição de prestígio, também percebemos a ênfase no pagamento dos passeios, embora você tenha mencionado que aprecia os atos de gentileza do "cavalheirismo de antigamente". Quando ele telefona, faz um carinho especial, procura lhe dar muito prazer na cama, você não se sente prestigiada? E de que formas você prestigia os homens com quem sai? Como demonstra que os aprecia e sente carinho por eles?

Nos papéis tradicionais, o homem trabalhava e pagava as despesas, enquanto as mulheres cuidavam da casa, dos filhos e eram sustentadas. Quando a mulher começou a trabalhar e a ganhar dinheiro, algumas passaram a receber o mesmo e até mais do que os homens. Embora diversos casais compartilhem as despesas, no comportamento da paquera e do namoro muita gente ainda mantém a tradição homem-é-quem-paga-a-conta-e-é-essa-a-maneira-de-cortejar-uma-mulher.

Sabemos que há inúmeras mulheres que pensam como você e querem o melhor dos dois mundos: a autonomia financeira, um homem amoroso, sensível e compreensivo que sempre se responsabiliza pelas despesas das saídas. Mas se revoltam quando percebem que eles se sentem proprietários e controladores. Igualdade até o ponto em que não precisam abrir mão das mordomias tradicionais.

Muitos homens se chocam quando deparam com mulheres excessivamente materialistas. Sentem que despertam especial interesse quando dirigem carros possantes, moram em apartamentos bem montados em bairros nobres, ocupam cargos importantes e exibem outros símbolos de *status* social. Percebem o vazio de conteúdo quando a conversa gira em torno de compras e melhores marcas ou do desejo de ganhar presentes caros. Esses homens dizem que está muito difícil conhecer mulheres com quem possam ter um encontro pessoal mais profundo, que vá ao coração. E, nesse território, o prestígio é marcado pela reciprocidade do carinho, dos pequenos atos de gentileza, atenção, consideração e cuidados amorosos.

Há homens que fazem questão de pagar as despesas não só por cavalheirismo, mas também por prazer ou até mesmo por demonstração de poder. Por outro lado, também conhecemos homens que se ressentem por ter de pagar em dobro quando percebem que a mulher possui condições financeiras que permitem uma divisão de despesas, até para que possam ter melhores alternativas de lazer.

Como você pode notar, homens e mulheres ainda têm um longo caminho a percorrer na busca da construção de uma cultura de igualdade de direitos. E que tal deixar o machismo de lado e aprender a ser mais companheira? Talvez assim você descubra novas possibilidades nas suas relações amorosas!

16
Maçã envenenada

Estava contando pela enésima vez a história da Branca de Neve para a minha sobrinha quando caiu a ficha: o Rodrigo foi a minha maçã envenenada! Vermelhinha, brilhante, apetitosa. A bruxa caprichou tanto na escolha e no feitiço que a Branca de Neve não resistiu à tentação. O Rodrigo foi assim: rico, lindo, atraente, irresistível, sedutor, inteligente, o homem dos sonhos de todas as mulheres. Mordi e morri. Será que vou conseguir despertar para um novo amor?

Depois que me separei, cheguei à conclusão de que tinha me casado com um ícone: a embalagem perfeita do homem bem-sucedido, simpático e comunicativo, mas interiormente frágil, autodestrutivo e venenoso. Na realidade, adoeci com esse casamento atabalhoado, com famílias que não se integraram, com os problemas da vesícula, raiva contida e frustração, muita frustração.

O que me prende? A realidade que não desejo, a fantasia que me engessa? Em tantas outras circunstâncias, acontece o contrário: a fantasia é libertadora, a realidade restringe. O que fiz com tudo isso? Criei uma fantasia limitante, fiquei presa ao ícone, o que me atrapalhou a liberdade de amar, de ir fundo numa outra relação, e me ceguei à realidade frustrante, de desprezo e maus-tratos, de um homem que na verdade pouco fez por mim. Fiquei inebriada pela imagem do homem desejado por tantas mulheres? Fiquei envaidecida por essa "conquista"? O que de fato conquistei? O que foi isso na minha vida?

Chega! Descobri, conversando com amigos que me conhecem profundamente, que ele representou muito bem o papel de príncipe encantado e eu me mudei de mala e cuia para uma casa cenográfica. Bonita, a fachada. Por trás, estacas sustentando, nada sólido, sem teto, sem consistência. Bela máscara, escondendo um homem inseguro, que no fundo se sente um impostor, sem ter real capacidade para o cargo que ocupa. Nada de consistente me ofereceu.

Decidi apagá-lo da memória do meu celular. Quer excluir? Sim. Excluído, o número. O nome também? Sim. Todos os dados excluídos. Agora nem o nome nem o número constam do "Procurar". Também apaguei o número do celular dele do meu caderno de telefones para reforçar a decisão sem correr o risco de cair em tentação e procurá-lo de novo. Joguei fora uma revista com a foto recente dele. Não quero mais encontrá-lo, não quero mais vê-lo. Ficarei apenas com as fotos antigas, da época em que eu achava que tudo era maravilhoso. Lembranças de um delicioso autoengano que depois me custou tão caro em termos de sofrimento. Superprodução custa caro mesmo, ora essa.

De repente, crio uma nova história para minha sobrinha: "Rodrigo e a maçã envenenada". A história de uma mocinha que viveu um conto de fadas às avessas: o príncipe virou sapo.

Que bom

você ter conseguido abrir os olhos e perceber o poder da ilusão! O sonho do grande amor está sempre presente em todos nós, em qualquer idade, mesmo após desilusões e sofrimentos. É como se a magia dos contos de fadas prevalecesse sobre a percepção das limitações das pessoas reais e até mesmo da impossibilidade de ser feliz em relacionamentos complicados.

Quem vê de fora enxerga as pistas que a pessoa dá; nós mesmos, em momentos de lucidez, também conseguimos ver. Mas podemos até mesmo nos aborrecer com os amigos que insistem em nos alertar para o perigo de embarcar numa canoa furada. Quando nos apaixonamos, vemos com lentes de aumento os bons aspectos e ignoramos as pistas do comportamento do outro que sinalizam as dificuldades.

É impressionante como conseguimos nos enganar, alimentar ilusões e criar falsas esperanças. Necessidades e desejos inconscientes, criando universos paralelos, distorcem a percepção da realidade, onde não comemos de verdade as iguarias do banquete dos sonhos. Acordamos com o estômago vazio, carentes e desnutridos, querendo dormir de novo para, quem sabe, tornar a saborear banquetes.

Mas, certamente, você não fabricou esse sonho sozinha. Há pessoas que são extremamente hábeis em disfarçar seus defeitos e realçar seus encantos, mesmo quando são fictícios. Você conhece outras pessoas que também se deixaram envolver por ele e depois se desiludiram? Embalagens primorosas nem sempre contêm produtos de boa qualidade...

Você nos descreveu um sofrimento intenso nesse relacionamento, do qual foi muito difícil se libertar. A ilusão é um ímã poderoso: mesmo quando percebemos a dura realidade, é muito forte a tentação de renovar a esperança e manter a recusa de perceber o mal que nos faz permanecer na relação destrutiva. Uma coisa é perceber as dificuldades e aprender a lidar com elas; outra é tentar ver com clareza a linha divisória entre problemas que podem gerar bons caminhos para construir um amor satisfatório e relacionamentos que realmente nos adoecem, sugam a vitalidade, fazem murchar em vez de florescer.

Muitos anos podem se passar até conseguirmos abrir mão dos sonhos e das ilusões para cair na real e, efetivamente, ter capacidade de construir relacionamentos mais verdadeiros, talvez não tão parecidos com os contos de fadas, porém mais capazes de nos oferecer uma real nutrição emocional. Príncipes que se transformam em sapos podem mostrar caminhos melhores para descobrir homens de verdade.

Esperamos que você, agora com os olhos bem abertos, encontre um homem companheiro, solidário, sensível, com quem se sinta feliz na realidade, e não apenas na ilusão e no desejo!

17
Auto-estima

Só agora que estou ficando velha resolvi apostar em mim. Fui o patinho feio da família, ninguém acreditou na minha capacidade. Nem meu marido nem meus filhos me valorizaram. Cresci escutando palavras duras, críticas, muita exigência. Nem em sonhos meu marido ajudava em casa, dizia que cozinhar, lavar, limpar são deveres da mulher. Não pude estudar, sempre trabalhei muito e ganhei pouco, com atividades a que as pessoas não dão muito valor: costureira, manicure, garçonete. Tinha emprego e aceitava encomendas de costura. Não sobrava tempo para me divertir.

Mas uma coisa que eu sempre soube fazer foi economizar. Dinheiro curto, mas ajeita daqui, ajeita dali, deu para construir a casa, comer direitinho, educar os filhos. Só o sonho de fazer uma viagem bonita é que nunca tinha se concretizado, até porque todo mundo ria na minha cara quando eu falava sobre isso.

Há cinco anos fiquei viúva, os filhos se casaram, saíram de casa. Fiquei sozinha, reorganizei minha vida e tomei uma decisão: se ninguém me valorizou, eu vou me valorizar! Não para mostrar a eles, mas para mostrar a mim mesma do que sou capaz. E o maior sonho da minha vida era fazer uma viagem bonita!

Fui a uma agência de viagens, descobri uma promoção de uma semana em Paris. A terra da alta costura; passei a vida olhando os figurinos, a moda, os estilistas franceses. E disse a mim mesma: é agora! Não sei como me atrevi a entrar numa excursão sem conhecer ninguém, sair pela primeira vez do Brasil sem falar uma palavra de nenhuma outra língua além do português. Fiz os cálculos, vi que dava para pagar as prestações e só contei aos meus filhos quando já estava com tudo na mão, dois dias antes de embarcar.

Até hoje fico rindo sozinha quando me lembro da cara de espanto que os três fizeram. Ficaram de queixo caído! Jamais imaginaram que eu fosse capaz de uma coisa dessas.

Não dá para descrever com palavras a felicidade que senti, cada passeio, cada coisa que eu via, até a comida do avião, de que tanta gente reclama, achei uma delícia.

Fiquei orgulhosa de mim mesma por ter conseguido realizar meu sonho. Meus filhos agora me olham de outro jeito. É muito bom ter coragem de fazer o que quero. É a liberdade que nunca tive. Estou gostando de mim.

Você passou a vida fincando raízes e agora está criando asas! Precisamos das raízes dos vínculos, da relação de troca, de cuidar e ser cuidada. Mas também precisamos, como diz a expressão popular, "dar asas à imaginação", acalentar os sonhos e, assim que possível, fazer planos para transformá-los em realidade. É isso que dá cor à vida.

À medida que caminhamos pela estrada da vida, encontramos várias encruzilhadas. Elas marcam a passagem de uma situação para outra, e aí encontramos riscos, oportunidades e um misto de perdas e ganhos. Com a viuvez não é diferente: a tristeza pode cristalizar-se em luto eterno. Por outro lado, o próprio sentimento de perda às vezes gera novas forças para enfrentar o desafio de reconstruir a vida, com novas responsabilidades e alternativas que abrem horizontes. Percebemos que foi isso que aconteceu com você.

Você nos conta que cresceu sendo desvalorizada pelas pessoas que considerava importantes. Isso dificultou a construção de uma boa auto-estima. Porém, mesmo quando nosso valor é reconhecido, a auto-estima sofre oscilações no decorrer da vida: no início de cada nova passagem, pode ficar abalada, gerando dúvidas quanto à própria competência de fazer face aos desafios que se apresentam. Mas, com a disposição de transformar obstáculos em caminhos, surge a força interior de construir metas, renovando a confiança na própria capacidade, e então, mais uma vez, a auto-estima se fortalece.

A decisão interior de tomar nas mãos as próprias rédeas é um poderoso impulso gerador de mudanças. Foi o que aconteceu com você: no momento em que resolveu se valorizar e realizar seus sonhos, começou a viver mais feliz. O seu poder pessoal se fortaleceu com a decisão de cuidar bem de você mesma e reconhecer suas competências. E então você cresceu e apareceu! Todos passaram a olhá-la com outros olhos.

Há pessoas que, apesar das experiências difíceis e dos relacionamentos afetivos em que se sentiram atacadas ou mal-amadas, conseguem se reerguer e ir à luta. A essa força de superar adversidades sem se deixar abater se dá o nome de "resiliência". A fé, o cultivo do otimismo e da alegria, a capacidade de descobrir coisas boas mesmo em situações difíceis são seus ingredientes básicos. Esperamos que você continue fortalecendo sua resiliência e fazendo novos projetos para realizar seus sonhos!

18
Por que comigo?!

Logo agora, com 62 anos, que comecei a me libertar, a pensar um pouco mais em mim, sonhando em fazer coisas que nunca ousei, logo agora, por que comigo, por quê? Eu não sentia dor, nada, nem um pequeno incômodo, e essa doença tomando conta de mim, tão silenciosa, tão discretamente maligna.

Não quero me olhar no espelho: estou pálida, esquálida, pareço um fantasma. Meu cabelo, ai, meu cabelo, gostava tanto dele! Caiu em chumaços, que aflição, passar a escova, o pente, os dedos, mesmo que levemente, e aquele monte de fios caindo, caindo. Onde está meu rosto, meu corpo, eu? Toda aquela disposição para cuidar do marido, dos filhos, dos netos, tomando conta da casa, o dia cheio, não dava para fazer tudo o que tinha de ser feito. Agora é esse cansaço, preciso dormir de dia para conseguir chegar à noite.

O pior é a semana da químio. Fico pior que planta murcha, prostrada, e aí o tempo congela, a noite demora demais a chegar. Não consigo me concentrar para ler, a televisão não tem um programa que preste, a música me irrita, as pessoas me cansam, tanta gente ligando, não estou disposta a receber visitas, não quero ouvir a voz preocupada delas, não quero ver o olhar piedoso, tenho raiva disso.

Revoltada. Revoltada, sim. Boazinha demais, cuidando dos outros. E agora, dando trabalho e preocupação, coisa esquisita sentir que eles estão cuidando de mim. Então não faço falta? Nunca viajei nem um fim de semana sequer com as minhas amigas, não acreditava que eles conseguiriam tomar conta da casa, ver a comida, a roupa e tudo o mais. Mas fiquei duas semanas no hospital, me recuperando da cirurgia que me esvaziou, me sinto oca, frágil embalagem sem substância. E a engrenagem toda funcionou sem que eu lá estivesse para coordenar... Deveria sentir alívio, afinal são adultos que podem se virar sozinhos, mas o que sinto é tristeza. Tristeza de ser irrelevante.

Medo de não ter mais tempo para ver os netos crescerem. Nem para me ver crescer, ousar, romper grilhões, eu, carcereira de mim mesma, tanta censura, tantos "não devo", "não posso me permitir", "isso não é para mim". Nem falar "merda" eu podia. Merda! Agora me dá vontade de sair gritando pela rua, nua, chocante, transgressora.

Queria ter dois homens, usar roupas escandalosamente decotadas, batom vermelho, unhas de sangue. Gozar, gozar demais, perder a classe desse colar de pérolas, dessas roupas de senhora bem-comportada, com esse relógio de boa marca, bolsa combinando com sapato, e sexo sem graça, marido sem sedução, me vendo como a mãe dos filhos. Queria proclamar minha independência, sair pelo mundo, solta, assustada, livre para fazer loucuras. Não dá mais, agora é tarde.

"Doença ruim também dá em gente boa", disse uma amiga, perplexa quando soube do câncer. Não quero mais ser boa como sempre fui, quero ser o que nunca fui.

É duro, muito duro mesmo, receber o diagnóstico de uma doença grave, principalmente quando nosso corpo não dá sinais evidentes. De repente, nosso mundo se desmorona, revemos o que fizemos e o que deixamos de fazer, problemas que considerávamos grandes se tornam insignificantes diante da nova realidade que precisamos encarar. Apesar de sabermos que o nosso corpo é uma "embalagem perecível", é um choque perceber nossa fragilidade, lidar com a ameaça de perder a saúde e até mesmo a própria vida.

No entanto, há uma ligação profunda entre a nossa fragilidade e a nossa força. No decorrer do tratamento, momentos de esperança e garra se alternam com momentos de desalento e extremo cansaço por enfrentar tantas batalhas nessa guerra contra a doença. Quando você vai para as sessões de quimioterapia, encontra outras pessoas que também estão nessa luta; você tem amigos que tiveram câncer e se curaram; mas fica, naturalmente, muito abalada quando pensa nos que morreram em conseqüência da doença. Os sentimentos se misturam, como você mesma reconhece. Por isso, é tão importante conversar com pessoas que estão passando pela mesma situação. Pode ser útil também ler livros escritos por profissionais que se dedicam a esse trabalho, como a psiquiatra Elizabeth Kübler-Ross, que descreveu as reações mais comuns: o choque e a sensação de que o diagnóstico não é verdadeiro (gerando a necessidade de consultar outros médicos, na esperança de encontrar resultados diferentes); revolta e perplexidade (por não encontrar explicações para o que está acontecendo); barganha (fazer promessas para os santos, com a esperança de que ficará curada se fizer tudo o que for recomendado); aceitação (aceitar a realidade da doença, tentar viver da melhor maneira possível dentro das circunstâncias).

É muito importante que você mantenha a esperança e a disposição para lutar contra a doença: entre as mulheres, o câncer de mama e o de colo do útero são os mais freqüentes. Assim como você, muitas outras também passaram por isso: de acordo com o Instituto Nacional do Câncer (Inca), a cada ano, aproximadamente 50 mil mulheres brasileiras desenvolvem câncer de mama e 20 mil, de colo de útero.

Quanto mais cedo se descobre o problema, maior é a chance de cura. Os sintomas geralmente aparecem nas fases mais avançadas, daí serem chamados de "doenças silenciosas". Por isso, a prevenção e o diagnóstico precoce continuam sendo os melhores remédios. Apesar do que aconteceu, você sempre fez o que toda mulher, independentemente da faixa etária, deve fazer: consultar um médico anualmente para examinar as mamas e realizar os exames necessários. É preciso que todas as mulheres saibam que, após o início da vida sexual ativa (mesmo que estejam sem parceiro no momento), é recomendável fazer um exame preventivo para o câncer do colo de útero (papanicolau), no mínimo, uma vez por ano.

A disposição para conhecer mais a fundo o inimigo ajudou a combatê-lo e a colaborar ativamente com o tratamento. Em vez de se deixar dominar pelo desânimo ou pela revolta, você pode aproveitar esse momento para fazer revisões importantes da sua maneira de ser e de viver, quebrando a imagem de boazinha que tanto a cerceou. O essencial é acreditar que nunca é tarde para mudar. Mesmo quando estamos com boa saúde, não sabemos quanto tempo ainda temos pela frente: portanto, vamos ousar fazer as mudanças que consideramos importantes para a nossa evolução. Quais os grilhões que podem começar a ser rompidos? Qual será o primeiro passo para deixar de ser sua própria carcereira e mergulhar na aventura de viver com mais liberdade, inclusive a de receber cuidados aos quais tem direito, sendo boa com você mesma?

19
Tamanho é documento

Essa história de que o mais importante é a mágica que se faz com a varinha é papo de homem que tem pau pequeno. O melhor dos mundos é transar com um cara que sabe usar um documento grande e grosso. Isso é tudo de bom! Já tive dúzias de namorados, portanto experimentei todos os tamanhos e sei muito bem que há diferença. Parodiando Vinícius, eu diria: "Os de pau pequeno que me perdoem, mas tamanho é fundamental". E também não concordo com essas sexólogas que dizem que orgasmo é tudo igual, independentemente da estimulação, se é pelo clitóris ou pela penetração. Não é, não. E digo isso porque, graças ao bom Deus, nunca tive problemas: já gozei com beijos na orelha, com lambidas no bico dos seios e, obviamente, com dedo e língua nos lugares certos. E com penetração também. Acho todos os orgasmos ótimos, mas não são iguais, variam de intensidade, de sensação, de extensão, é até difícil descrever em palavras.

Às vezes, eu me excito muito e tenho um único orgasmo que me toma por inteiro, perco totalmente o controle, fico tontinha. Já cheguei até a chorar numa dessas, e o cara se assustou, achou que tinha me machucado, coitado! Quando vem assim, nessa explosão maravilhosa, fico exausta logo em seguida, querendo que o cara termine logo. Mas isso é raro. Quase sempre gozo várias vezes, começando com as preliminares, que amo de paixão, e aí gosto que a transa demore bastante.

Gosto de variar de posição e de deixar a imaginação voar nas fantasias. Quando estou inspirada, arrumo cenários estimulantes, tipo tendas árabes, flores e velas, cabaninhas. Coleciono receitas afrodisíacas e adoro transar quando estou de porre de champanhe. Gosto de surpreender e de ser surpreendida. Quando namoro um cara que curte essas brincadeiras, me divirto muito. Depois de algumas desilusões amorosas, aprendi a não levar os homens a sério, ninguém merece minhas lágrimas. Homem é área de lazer, é recreação. Quando começa a com-

plicar, o melhor é trocar de parceiro. Sem essa de conversar sobre a relação.

Nunca me casei e resolvi não ter filhos. Não é uma decisão fácil, a pressão da família e dos amigos é enorme. Já chegaram a me perguntar se sou lésbica e apareço com namorados só para disfarçar. Na verdade, sinto até curiosidade de transar com mulheres, mas nunca tive coragem de experimentar. Mas acho que não é a minha: gosto de homem, dos pêlos, da pele, do cheiro e, "last but not least", do tamanho do documento. Não sinto falta de formar uma família, acho que a gente pode viver bem de outras maneiras. Adoro meus sobrinhos, a gente se diverte, mas, na hora da chatice, é com pai e mãe; a titia aqui, ó, é só para os bons momentos. Dizer que a mulher só se realiza com o casamento e com a maternidade é um mito que veio da época em que não existiam alternativas atraentes. Não é o meu caso, gosto da vida que levo. Se der para viver mais trinta anos assim, com saúde e alegria, está de bom tamanho.

Como você sabe por experiência própria, o corpo humano é um verdadeiro mapa do prazer, mas para achar o tesouro do orgasmo não é preciso chegar ao fim do arco-íris. Da mesma forma que não existe um padrão considerado normal para o sexo, o orgasmo também pode variar, principalmente nas mulheres. Você já percebeu isso e, com certeza, conversa com suas amigas. Nós também ouvimos relatos de mulheres que conseguem gozar várias vezes numa mesma relação sexual, de diferentes formas e em diversos lugares. Outras têm apenas um único orgasmo e depois querem virar para o lado e dormir. E ainda existem aquelas que só conseguem gozar mexendo no clitóris ou durante a penetração. Todas, absolutamente todas, são normais do ponto de vista sexual.

Você realmente acha que tamanho é documento? Nem sempre... Ao contrário do que muitos homens e mulheres imaginam, os estímulos capazes de provocar o orgasmo na mulher podem ter diversas origens, independentemente do tamanho e do calibre do pênis do parceiro: ter uma relação de amor e carinho pode ser um grande afrodisíaco; a sensação de transgredir regras e transar em lugares públicos ou inusitados; viver às turras com o companheiro e fazer as pazes na cama; descobrir outras formas de transar, como os sexos oral e anal; criar um ambiente agradável, roupas, cheiros, toques e carícias na pressão e na medida certas e tudo o mais que o casal descobrir como caminhos desse mapa erótico. Entre quatro paredes vale tudo, desde que haja o consentimento das partes. É importante lembrar que não há uma receita do tipo "como chegar ao orgasmo em quatro lições". O que pode ser sexualmente agradável para uns é repugnante para outros.

Há pessoas que sentem muito prazer sem precisar dar asas à imaginação. Porém, para outras o papel das fantasias sexuais é bastante importante para manter ou incrementar o tesão, sobretudo em relacionamentos duradouros. Estimular-se com fantasias não significa necessariamente imaginar que está transando com o astro de cinema preferido em vez de com o parceiro de sempre. Nossa imaginação criativa nos faz múltiplos: podemos brincar de ser diferentes personagens em diversas situações, e esse aspecto lúdico do sexo pode representar um agradável tempero no relacionamento amoroso.

Por ter tido experiências com muitos parceiros, você conseguiu desenvolver detalhes requintados do seu mapa erótico e, com isso, conhece bem os diferentes caminhos do prazer. Mas e o coração? Nos caminhos do amor, foram tantas as decepções que você acabou preferindo restringir o contato com os homens apenas à área de lazer? Já ouvimos tantos relatos com essa mistura de desejo e medo que ficamos pensando que a tão falada liberação sexual vem acompanhada, muitas vezes, de uma profunda repressão do afeto.

É claro que é importante conhecer mais a fundo nossas características, limitações e possibilidades, para definir melhor as escolhas que fazemos no decorrer da vida. Mas será que sua decisão de não se casar, de não ter filhos nem paciência para construir um relacionamento amoroso duradouro, está baseada em suas características pessoais ou é devida ao medo de amar e de manter um compromisso de trocas afetivas e cuidados recíprocos?

Concordamos com a sua opinião de que, nos dias de hoje, as mulheres têm várias opções de construir uma vida satisfatória, que nem sempre inclui marido e filhos. No entanto, em cada escolha que fazemos há renúncias e algum fardo para carregar. No seu relato, parece que sua escolha só tem lhe proporcionado prazer e diversão. Sinceramente, não acreditamos que exista apenas esse lado. Será que você esconde suas dores até de você mesma para não ter de encarar claramente o peso dessa escolha e a renúncia a outros caminhos de vida?

20
Dois pesos, duas medidas

Não é fácil ter tanta gente numa casa com três quartos e um banheiro. Sou separada, com duas filhas moças, e me casei com um viúvo pai de gêmeos adolescentes! Lá em casa sai muita briga de manhã cedo, quando todo mundo tem de usar o banheiro antes de sair. É um tal de socar a porta e xingar quem está lá dentro... Já cansei de falar que isso não resolve o problema, mas eles não me escutam.

As filhas ajudam, mas sou eu que faço comida para todo mundo. Nós dois trabalhamos o dia inteiro, o orçamento é apertado, não dá para ter empregada para fazer tudo para tanta gente. Acordo às quatro da manhã, porque às seis saio para trabalhar. Os homens da casa só atrapalham, deixam os copos na pia sem lavar, o banheiro molhado, a roupa suja pelos cantos. Quando me queixo da bagunça, dizem que isso é trabalho de mulher.

As meninas reclamam que os rapazes têm muito mais liberdade. Eu por mim prendia os rapazes também, por causa da violência da cidade, é perigoso ficar circulando tarde da noite e há o problema das más companhias. Graças a Deus até hoje nenhum deles fez besteira. Nem sei o que faria se estivesse no lugar da minha irmã: minha sobrinha, de 15 anos, já é mãe de um menininho de 1 ano, e isso porque ela também a prendia e vigiava. Foi uma contrariedade muito grande quando ela contou que estava grávida, mas eles já namoravam firme e acabaram se casando. Procurei dar muito apoio a eles quando isso aconteceu, mas é isso: quando querem fazer bobagem, as coisas acontecem na cara da gente.

Os meninos mal começavam a crescer, e o meu marido já falava de mulher com eles, até hoje vive dizendo que eles têm de pegar as moças, que é papel do homem se aproveitar. Eu lhes digo para respeitar as filhas dos outros. Mas o problema são as meninas atiradas demais, usam umas saias tão curtas que aparece a calcinha, umas blusinhas que deixam os peitos e *o umbigo de fora. Eu não deixo minhas filhas usarem roupas assim. No fundo, sei que os rapazes pensam que isso é coisa de piranha vagabunda.*

O horário de voltar para casa também é diferente: os rapazes podem chegar das festas mais tarde do que as moças. Se eles resolvem ficar mais um pouco, precisam nos avisar. Quando esquecem de telefonar, fico louca, apavorada ao pensar que pode ter acontecido uma coisa ruim. As garotas se queixam, acham a vida dos homens melhor que a das mulheres, mas faço questão de criá-las como moças de família, não são essas largadas que os pais nem sabem onde estão. Essas meninas estão perdidas, ficam se esfregando nos homens, nos bailes tocam aquelas músicas que são coisas do demônio porque estimulam os jovens a usar drogas e fazer sexo antes do casamento. Mulher direita tem de se preservar, é isso que eu digo para as minhas filhas.

Sentimos

que você é uma mãe que se preocupa com a formação dos seus filhos e também quer que eles vivam em segurança, mesmo numa cidade em que há muita violência. No entanto, quando você insiste em zelar pela vida dos seus enteados, entra em choque com seu marido, que, como reza a cartilha do machismo, acha que eles têm de viver soltos, sem horário para chegar e sem participar das tarefas da casa.

Em todas as classes sociais observamos grandes diferenças na criação de rapazes e moças. O menino é estimulado desde cedo a se interessar pelo corpo das mulheres, e é grande o incentivo para começar a "ficar", namorar e transar. Já a menina é aconselhada a se preservar e a ser mais seletiva, para não correr o risco de ficar malfalada, pois ainda existe a divisão tradicional entre as "de família" e as "piranhas", "cachorras", "galinhas", "vacas" e outros bichos.

Mas, como você nos contou, mesmo tentando prender e vigiar, os pais não conseguem controlar totalmente a vida dos filhos nem influenciar suas escolhas. Sua sobrinha adolescente, como milhões de outras no Brasil e em outros países, engravidou. Você sabia que a gravidez na adolescência tem sido apontada como um problema de saúde pública? No Brasil, estatísticas recentes mostram uma elevação no número de partos entre as adolescentes: aproximadamente 20% dos partos ocorridos no Brasil e registrados no Sistema Único de Saúde (SUS) são de jovens com menos de 20 anos, um aumento de mais de 16% em relação à última década.

Você deu o apoio necessário à família de sua irmã, e todos ficaram aliviados quando a moça e o rapaz decidiram se casar, ter o filho e continuar a estudar. Mas nem sempre é assim. O grande problema da gravidez na adolescência é quando ela acontece de forma não planejada e indesejada, e isso independe da classe social e da escolaridade. Em geral, as adolescentes grávidas tendem a abandonar a escola e freqüentam menos o pré-natal, além de apresentar maior chance de ter partos prematuros e complicações obstétricas, aumentando as taxas de mortalidade para a mãe e o bebê. Isso sem falar naquelas que morrem devido a complicações causadas pelo aborto inseguro, que a cada ano faz inúmeras novas vítimas.

Mesmo para os pais das "meninas atiradas demais", como você diz, nem sempre é fácil o diálogo sobre a sexualidade. A liberação sexual não aconteceu da mesma forma em todas as famílias. Em muitas, conversar abertamente sobre sexo ainda é complicado, mesmo com filhos adultos. Em outras, os pais conversam com os filhos e as mães com as filhas. Poucas famílias advertem os rapazes sobre a questão da paternidade responsável e o uso correto da camisinha, porque ainda pensam que só a mulher tem a obrigação de evitar a gravidez.

É importante que as famílias procurem superar as dificuldades e conversem abertamente sobre sexo e afetividade, para que as novas gerações consigam entender melhor os relacionamentos amorosos e possam exercer a sexualidade de modo mais responsável. No seu caso, o desafio ainda é maior, porque padrastos e madrastas nem sempre se sentem à vontade para conversar sobre a intimidade afetiva com seus enteados. Mas acreditamos que vale a pena tentar, inclusive para mudar os padrões estabelecidos e inaugurar na família uma nova etapa, de maior cooperação, a fim de manter a casa em ordem sem sobrecarregar as mulheres.

Esperamos que você e seu marido enfrentem com sucesso o desafio de criar filhos e filhas, preparando-os para uma verdadeira parceria entre homens e mulheres!

21
Nos bailes

Quando eu era novinha, ia dançar todos os sábados das onze às quatro da manhã. Meus pais me acompanhavam, porque moças de família não iam aos bailes sozinhas. Se um rapaz mais atrevido queria dançar mais coladinho, eu não deixava, não, porque o olhar de censura dos meus pais era terrível.

Ir aos bailes era bom demais. Eu passava o dia me preparando: gotas de limão nos olhos (ardia horrores!) para ficar com o olhar brilhante, máscara de pepinos no rosto para a pele ficar macia. O cabelo cuidadosamente penteado, vestidos caprichados. O maior terror era tomar chá-de-cadeira, humilhante demais.

Eu me casei com um homem que não gostava de dançar, e aí, pronto, ficaram as lembranças dos bailes de debutantes, as moças de vestidos longos, os rapazes de smoking, coisa que a gente não vê mais hoje em dia; as recordações das paqueras, a tristeza de ver moços bonitos e tímidos, sem coragem de me tirar para dançar.

Meu marido morreu num acidente na estrada. Foi um choque terrível, porque a gente se dava bem e os filhos ainda precisavam muito dele. Mas a vida continua e a gente tem de se refazer. E a primeira coisa que me deu vontade de fazer foi voltar a dançar.

Criei coragem e fui a um baile com uma colega de trabalho. Que decepção! Tomei chá-de-cadeira a noite inteira, os homens só tiravam as meninas novas para dançar. Mas vi mulheres mais velhas do que eu de par constante com rapazes de vinte e poucos anos, fazendo aqueles passos complicados de dança de salão. Aí me disseram que eram dançarinos contratados para acompanhar as senhoras nos bailes. Só assim elas dançam a noite inteira!

Coisa esquisita pagar um homem para dançar! Mas depois cheguei à seguinte conclusão: não tem gente que paga um professor de dança particular? Ou um professor de ginástica? Ou um motorista? Por que não contratar um *profissional para dançar a noite inteira? Fiquei olhando com certa inveja para aquelas senhoras dançando e conversando animadamente com os jovens dançarinos.*

Apesar desses bons argumentos, precisei de muito chá-de-cadeira em outros bailes para criar coragem, vencer o preconceito e contratar um dançarino. Agora tenho um harém dançante, com três rapazes bonitos, cheirosos e gentis para rodopiar pelos salões. Estou afiadíssima, cada vez aprendo novos passos, resolvi ter aulas particulares com um deles, não quero outra vida. Dançar para mim é alegria, prazer, diversão e alto-astral.

Foi emocionante ver o brilho no olhar de tantas mulheres quando você deu o seu depoimento no grupo! Refazer-se do choque da perda repentina do seu marido, romper barreiras, vencer preconceitos e abrir novas possibilidades mostra uma grande força interior e muito amor pela vida. Acreditamos que você inspira muita gente a fortalecer a própria coragem para ousar viver com mais alegria.

Felizmente, nas últimas décadas, diversas mudanças aconteceram na maneira de viver a idade madura, especialmente para as mulheres. Quando envelhecem, muitos homens se isolam, ficam em casa sofrendo da síndrome de "pijama, chinelo e televisão/computador". As mulheres saem, fazem novas amizades, despertam novos interesses, desenvolvem habilidades. Abriram-se oportunidades no mercado de trabalho até para os chamados "geriatras sociais", que organizam a programação e oferecem toda a assistência aos que querem sair em grupos para teatros, restaurantes, espetáculos musicais, excursões. Com mais tempo e dinheiro para si, essas mulheres, como você, descobrem que podem viver com maior prazer.

A maioria das mulheres que freqüentam as atividades voltadas para a terceira idade são viúvas, uma vez que a expectativa de vida das mulheres está maior que a dos homens. Outras são solteiras ou separadas. Há também as casadas que resolveram deixar o marido em casa para aproveitar a vida de outro modo.

Você passou pela experiência prática de ver que algumas dessas atividades prazerosas dependem da quebra de padrões tradicionais e até mesmo de preconceitos mais arraigados, como é o caso de contratar dançarinos. Tradicionalmente, os homens freqüentavam os *dancings* pagando as dançarinas; nos bailes convencionais, os cavalheiros convidam as damas para dançar. Elas ficam sentadas, à espera. E as mais velhas nem conseguem sair da cadeira, é difícil ser escolhida depois de certa idade... Quando criaram a possibilidade de contratar dançarinos, foi uma verdadeira revolução na dança de salão.

O grupo percebeu essa revolução na sua vida quando você descreveu o alegre encontro entre diferentes gerações, numa festa democrática que integra várias classes sociais e diversos estilos de vida. Sua animação mostrou a todas nós que, nesses bailes, o clima é de muita alegria e diversão. Esperamos que continue descobrindo novas alegrias na maturidade e, quem sabe, incentive outras pessoas a fazer o mesmo!

22
Plantão noturno

Bem que eu tento, mas não consigo dormir direito enquanto meus filhos não chegam das noitadas. Neura de mãe estressada, eu sei. Eles vivem me dizendo que notícia ruim chega depressa, mas sempre penso em tragédia quando eles não voltam no horário previsto. Quando esquecem de me avisar, fico louca, grudada no celular; fico mais louca ainda quando não consigo falar, deixo vários recados na caixa postal, que me liguem, pelo amor de Deus, não me deixem assim tão agoniada.

Não sei se eu ficaria tão preocupada se vivesse numa pacata cidadezinha do interior, mas com esse clima de violência, de assaltos, seqüestros, acidentes, túneis fechados pelos bandidos, balas perdidas e tudo o que leio nos jornais, vejo na televisão e converso com as amigas, ai, tudo isso cria dentro de mim um medo constante, vivo apreensiva, mesmo de dia, porque essas coisas acontecem a qualquer hora.

Rezo, rezo, sim, pedindo proteção, até duvido da minha fé em Deus; se a minha fé fosse mais forte, eu ficaria mais tranqüila e confiante. As amigas que têm filhos também se preocupam, mas ninguém fica tão apavorada quanto eu. É ilusão isso de evitar sair à noite porque a cidade está perigosa. Se meus filhos saem, por que eu não? E nem penso que eles deveriam ficar em casa, são jovens e precisam se divertir. Eu detestava ficar em casa, batalhava com meus pais para chegar mais tarde das festas, adorava namorar. Não chegava depois da hora combinada por medo de ficar de castigo no fim de semana seguinte. E nem existia celular para eles me controlarem...

Nunca fui muito destemida, ficava besta de ver amigos meus fazendo coisas às escondidas dos pais, até correndo perigo, dirigindo em alta velocidade, bebendo demais, fazendo loucuras. Sobreviveram todos. Eu nunca fui de gran-

des vôos, mas também não precisava estar com as asas tão curtas, sou separada e poderia aproveitar mais a vida, mas até de viajar sozinha tenho medo. Nem sei exatamente de quê, mas tenho. E vergonha de entrar num restaurante ou num cinema sem companhia.

Prisioneira do medo e da vergonha. Vivo numa gaiola no oitavo andar, em frente a uma tela colorida, mais triste do que bicho em cativeiro.

Quando ouvimos você falar da sua preocupação, pensamos no antigo ditado: "Filhos criados, trabalho dobrado". Sem dúvida, viver em cidades violentas cria estresse crônico em muitas pessoas, especialmente as que combinam os dados da realidade com um estilo de pensamento em que as hipóteses de catástrofe são as que surgem em primeiro lugar quando algo sai fora do esperado. É isso que está acontecendo com você?

Concordamos que esse medo tem fundamento: a partir da década de 1980, as mortes associadas às causas externas, notadamente a violência, influenciaram muito as taxas de mortalidade, sobretudo entre os jovens do sexo masculino. Do total de mortes por causas externas, mais de 80% foram de óbitos masculinos.

Todos nós ficamos impressionados, em maior ou menor grau, com o que é transmitido pelo noticiário que coloca em destaque os acontecimentos trágicos. A proliferação das armas de fogo, especialmente nas mãos dos bandidos, acentua essa preocupação coletiva. Segundo o IBGE, os óbitos por assassinato com utilização de armas de fogo apresentam as maiores proporções entre os homens jovens (15-24 anos), superando o número de mortes por acidente de trânsito. É triste pensar que esses jovens estariam entrando no mercado de trabalho e representariam parte da população economicamente ativa.

Mas o que você faz com esses dados reais? Suas amigas não se apavoram tanto quanto você. Nem ficam confinadas em casa, anestesiadas diante da televisão. Será que você está deixando que os pensamentos catastróficos preencham a sua vida por não conseguir acreditar que pode descobrir caminhos mais interessantes como mulher?

A relação dos pais com filhos adolescentes e adultos jovens apresenta características peculiares. Com o crescimento da autonomia dos filhos, os pais vão perdendo o poder de controlá-los. Os jovens buscam atividades com os amigos, passam a construir a própria vida e fazem escolhas que nem sempre são do agrado dos pais. É o caminho do desenvolvimento na passagem da adolescência para a idade adulta: os pais vão deixando de tomar conta dos filhos e influenciar suas decisões, esperando que eles saibam tomar conta de si mesmos e façam escolhas que os tornem felizes e realizados.

Será que sua "neura de mãe estressada" é um jeito de manter o controle sobre a vida dos seus filhos e mantê-los atrelados a você? Está com medo de que as asas deles cresçam demais, enquanto você vive triste, com as asas cortadas?

Pode ser difícil, mas não é impossível sair da prisão do medo e da vergonha. Muitas mulheres começam a acelerar a caminhada na trilha da liberdade e da alegria justamente na época da maturidade, em que os filhos crescidos vão cuidar da própria vida, estimulando a mãe a cuidar melhor de si mesma.

E você? Quando será que vai ter coragem de sair da gaiola? Acredite: o mundo não está tão ruim como aparece na TV. Seu medo diminuirá quando você conseguir se abrir para a alegria e o prazer de viver.

23
Refugiada

Minha irmã e meus dois sobrinhos estão escondidos na minha casa, e morro de medo de que meu cunhado descubra. Ele é muito violento, ela está tentando se separar, mas ele não aceita e tem acessos de fúria. Ontem, praticamente quebrou a casa toda, a televisão, louças, copos, jogou o celular dela pela janela e quase a atingiu na cabeça com um cinzeiro de cristal. Saiu porta afora gritando que ela ia se arrepender amargamente dessa idéia de separação. Rapidamente, ela arrumou uma mala, deixou um bilhete dizendo que só voltaria quando ele se acalmasse e foi lá para casa com os filhos.

Meu cunhado tem gênio ruim, não suporta ser contrariado. Da última vez que minha irmã tentou se separar, ele pegou uma tesoura e picotou quase todas as roupas. Ela ficou apavorada quando viu aquilo, achou que ele poderia fazer picadinho dela própria.

Quando está calmo, ele é uma boa pessoa, muito trabalhador, tem bom relacionamento, por incrível que pareça. Às vezes explode com os empregados da loja, alguns morrem de medo dele, mas nunca fez grosseria com os clientes. Ao contrário, é atencioso e solícito. O pavio curto é com a família, até comigo já deu uns estouros, ficamos quase um ano de relações cortadas. Quando os pais dele eram vivos, sofriam muito com ele, essa mesma história de xingar, berrar e quebrar coisas quando contrariado. Mas, quando ele cai em si, percebe que pegou pesado e aí promete que vai tentar se controlar, diz que gosta demais dela e dos meninos, e ela acaba voltando atrás e fica com ele. Não sei se porque acredita nas boas intenções, porque gosta dele ou porque tem medo do que ele realmente poderia fazer se ela insistisse em querer se separar.

O fato é que ela vive há mais de dez anos nessa montanha-russa, épocas melhores, épocas piores. Tem medo de que ele, como ex-marido, possa infernizar a vida dela, *tem medo também de que ele maltrate os filhos para se vingar dela ou se recuse a dar dinheiro para o sustento dos meninos.*

Eu ajudo como posso, lembro da infelicidade da minha mãe se queixando de que meu pai não ligava para ela, não era nem um pouco carinhoso. Conosco também ele sempre foi muito distante. E, quanto mais penso nessas coisas, menos vontade tenho de me casar; já estou com 37 anos, tenho uma vida independente e, embora às vezes me sinta muito só, acabo achando que é melhor continuar assim do que me casar com a pessoa errada e arruinar a vida que construí a duras penas.

É, certamente, muito importante para sua irmã contar com você em momentos tão difíceis. Porém, como o medo da sua irmã e a infelicidade da sua mãe repercutiram em você? O que você observa da vida das duas a faz fugir do casamento como o diabo foge da cruz? Você não conhece pessoas bem casadas?

É verdade que a violência contra a mulher, em particular a doméstica, é mais comum do que muitas pessoas imaginam, a ponto de ser considerada um grave problema de saúde pública. Por meio de diversos padrões de comportamento (coerção, ameaças, intimidação, abuso emocional e econômico, isolamento, uso dos filhos, entre outros), o agressor abusa do poder e do controle na relação, e isso nem sempre é fácil de romper.

O que você percebe das oscilações de humor do seu cunhado a ajuda a entender o motivo pelo qual sua irmã está com tanta dificuldade de sair dessa relação violenta? O lado bom do agressor mantém acesa a chama da esperança de melhores dias; mas a percepção do aumento da violência, a consciência de que o parceiro não vai mudar ou a ameaça à própria integridade física e à dos filhos fazem com que inúmeras mulheres agredidas decidam se separar. Infelizmente, abandonar uma relação violenta não significa encontrar segurança. Muitas vezes, a violência continua e pode até se agravar. De fato, as pesquisas mostram que o risco de assassinato da mulher é maior logo após a separação.

É importante lembrar que a maioria das mulheres não é vítima passiva e desenvolve estratégias para garantir sua segurança e a de seus filhos, como a elaboração de um plano de fuga. Talvez você possa ajudar a sua irmã a aperfeiçoar a estratégia de segurança, buscando informações de profissionais que trabalham com mulheres vítimas da violência. Vamos dar exemplos de algumas medidas que podem fazer parte do plano: identificar um ou mais vizinhos ou amigos a quem possa pedir ajuda caso escutem brigas em casa e combinar códigos que indiquem uma situação de emergência; ficar fora de cômodos que tenham armas ou objetos cortantes, como na cozinha; evitar fugir sem os filhos, que podem ser usados pelo agressor como chantagem; deixar uma bolsa pronta, com chaves, documentos e algumas roupas, na casa de um parente ou amigo e decidir para onde ir quando é necessário sair de casa.

Denunciar nem sempre é fácil ou possível. O medo do comportamento do agressor, a esperança de que ele mude, a falta de apoio da família e dos amigos, os sentimentos ambivalentes (amor e ódio) e a sensação de impunidade podem dificultar a denúncia. Além disso, o número reduzido de abrigos e delegacias especializados no atendimento à mulher e o despreparo de grande parte dos profissionais da área da segurança pública para lidar com o problema podem tornar a situação ainda mais complicada.

Mas há instituições especializadas no atendimento a essas mulheres e também a agressores. Ao trabalhar com o agressor, o primeiro passo é fazer com que ele assuma a responsabilidade por seus atos violentos, em vez de culpar a vítima por tê-lo provocado. Mesmo a duras penas, é possível aparar as arestas do "gênio ruim", aprender maneiras não violentas de expressar desagrado e a encarar as frustrações sem explodir de raiva.

Viver com alguém indiferente e distante também é doloroso. É curioso que você menciona dois homens que machucam as mulheres de modos distintos: seu cunhado fere com o fogo da explosão; seu pai feriu com o gelo da indiferença e da distância. E você, embora tenha construído uma vida independente, se sente só: nunca conheceu um homem que não se encaixe nesses dois modelos? Eles existem!

24
Santo remédio

Passei quatro anos da minha vida deprimida, adoentada, tomando um monte de remédios, cheia de dores, vivia me queixando nos médicos, sem ver saída. Quis morrer, rezei para Deus me levar; tentar suicídio, não, de jeito nenhum, porque sou muito religiosa e acho que ninguém deve tirar a própria vida. Mas, mesmo com toda essa fé que já tinha me ajudado em outros momentos difíceis, fiquei arrasada quando meu marido me deixou depois de 32 anos de casamento. Meus filhos e minhas noras me deram algum apoio, mas sabe como é, cada um tem seus problemas e eu não quero ser um peso na vida deles.

Nunca tinha morado sozinha, saí da casa dos meus pais para me casar, foi muito difícil me acostumar, fazer comida só para mim, não ter com quem falar dentro de casa. Passei a ligar a televisão o dia inteiro, pelo menos ouvia voz de gente. Mas fiquei muito isolada, nunca fui de sair com os amigos, e aí a depressão tomou conta de mim, perdi a razão de viver, fiquei muito magoada com ele, que se enfeitiçou por outra e deixou a velha companheira, isso não é coisa que se faça.

Tenho uma vizinha que é viúva. Acho que ficou com pena de mim por me ver sem ânimo até para passar um batom e me convidou para freqüentar o grupo da terceira idade organizado pela prefeitura. No princípio resisti, não tinha vontade de sair, passava o dia vendo televisão e dormindo. Também tinha vergonha de ir a um lugar desses sem conhecer as pessoas, medo de ficar deslocada, de não ter assunto para conversar. Como ela sabia que sou jeitosa com trabalhos manuais, acabou me convidando para entrar num curso de pintura em tecidos.

Foi a primeira porta que se abriu. Posso dizer que foi aí que o sol começou a brilhar na minha vida. Encontrei várias senhoras como eu, separadas, viúvas, até casadas com maridos chatos que não querem sair de casa. Depois desse curso, fiz outros e comecei a freqüentar as palestras, a turma da hidroginástica, as aulas de teatro. Com um pouco mais de coragem, passei a me inscrever nas excursões.

A depressão foi indo embora, as dores também, a saúde voltou, e, em vez de gastar dinheiro com um monte de remédios, gasto para aprender coisas novas e passear. Sou outra pessoa, nem me reconheço quando olho as fotos da época em que estava mal. Até remocei, passei a me enfeitar, peguei gosto pela vida.

Nesse grupo da Melhor Idade, a grande maioria é composta de mulheres. Mas já encontrei até um homem que se interessou por mim e quis me namorar. Eu não quis, não. Não quero compromisso, Deus me livre de ter alguém no meu pé me prendendo. Nunca pensei que, com quase 70 anos, fosse viver a melhor fase da minha vida.

Que bom

você ter descoberto a luz no fim do túnel da depressão e do desânimo! Foi muito bom você ter aceitado o convite da sua vizinha. Ninguém consegue nos ajudar se não houver, de nossa parte, um mínimo de abertura para a mudança. Felizmente, você permitiu que essa primeira porta se abrisse e, em seguida, muitas outras, a ponto de sentir que está vivendo a melhor fase da sua vida, com tanta liberdade de escolha que nem se atreve a correr o risco de ter alguém atrelado a você!

Já ouvimos muitas histórias de crises e superação de perdas, em que a força da vida faz a pessoa "sacudir a poeira e dar a volta por cima" depois de um período de profunda tristeza, desânimo e recolhimento. Às vezes, essa decisão de reagir vem do interior de nós, mas o valor de uma amiga disposta a ajudar a sair do fundo do poço é inestimável. Crise é encruzilhada: o indivíduo pode deteriorar-se ou progredir. Os especialistas em saúde emocional consideram que a qualidade da ajuda recebida é um dos fatores mais importantes para que a pessoa aproveite a crise como oportunidade de crescimento pessoal.

Tivemos a ocasião de coordenar muitos grupos homogêneos (compostos por pessoas que estão passando pela mesma situação de vida): os participantes oferecem apoio uns aos outros e compartilham boas idéias que facilitam a superação das dificuldades. Todos crescem com essa experiência, como aconteceu com você ao entrar para o grupo da Melhor Idade. Mas também existem grupos de diabéticos, hipertensos, obesos, de mulheres que fizeram mastectomia, de dependentes químicos e até dos "neuróticos anônimos".

Você sentiu na pele o poder transformador dos grupos de convivência para a terceira idade. São incontáveis os relatos de pessoas que saíram de depressões profundas e voltaram à vida, recuperando a saúde e a alegria de viver, participando das atividades desses grupos, descobrindo novos interesses, desenvolvendo habilidades. Não é importante ser eternamente jovem; o essencial é manter a vitalidade, abrindo-se para novos interesses, cultivando a curiosidade e preservando o gosto pela aprendizagem. Muita gente de idade avançada até se surpreende porque passa a viver a melhor fase da vida quando já estava, simplesmente, esperando a morte.

Quantas pessoas você consegue contagiar com sua animação? Tomara que muitos outros sigam o seu exemplo e que você continue descobrindo novas alegrias até os 100 anos!

25
Entre mulheres

Dormimos no mesmo quarto, mas em camas separadas, não ficamos de beijos e abraços na frente da minha filha, mas até quando ela vai continuar acreditando que Patrícia é apenas a minha melhor amiga? Oficialmente, não disse a ninguém da família que Patrícia é minha companheira, nem ao meu ex-marido, mas acho que todos desconfiam. Talvez até mesmo a minha filha, embora tenha apenas 10 anos, mas as crianças hoje são muito espertas, percebem muito mais do que a gente imagina.

Patrícia acha que a gente deveria assumir nosso relacionamento. Ela sempre foi homossexual, a família sabe. Quando vamos visitá-los sozinhas, ficamos à vontade de mãos dadas ou abraçadas, e é assim também quando saímos com os amigos dela. Mas, quando estamos com a minha família, somos apenas boas amigas e nada mais. Tenho medo de contar a verdade, não sei como as pessoas reagiriam. Não quero confundir a cabeça da minha filha, mas um dia ela vai ter de saber, e é melhor que eu mesma diga do que ela descobrir por terceiros e se sentir traída por mim.

Ainda me sinto estranha com essa nova maneira de ser, acho que estou com dificuldade de assumir publicamente esse relacionamento, não só pelo medo da reação das pessoas como também porque ainda não estou confortável com esse sentimento de estar amando uma mulher.

Depois que me separei, tive alguns namorados, mas nada dava certo. Nunca tinha sentido atração por mulheres, algumas vezes fantasiava uma relação a três para me excitar quando estava transando com meu marido, mas nunca passou disso. Quando conheci Patrícia numa excursão pela Europa, senti uma afinidade imediata, conversamos horas, nos divertimos muito. Embora não tivesse sentido atração física por ela, achei-a bonita e charmosa.

Foram duas semanas de viagem, e não percebi que ela era homossexual. Ficamos amigas e começamos a sair juntas direto. Ela foi me seduzindo sem que eu percebesse, com muito tato. Fiquei surpresa quando, finalmente, ela me contou coisas da sua vida amorosa. Tinha terminado um relacionamento de quase dez anos com uma mulher mais jovem e ainda estava muito abalada com isso.

Fomos nos envolvendo pouco a pouco, ela foi me introduzindo com muita sutileza nesse novo mundo do amor entre mulheres, com romantismo, sensualidade, delicadeza. Descobri requintes de erotismo, um outro mapa do meu corpo, prazeres desconhecidos. É estranho, mas eu me sinto mais mulher agora do que quando me relacionava com os homens. Estamos juntas há três anos e não senti mais atração por homem algum, nem por outra mulher. Temos nossos altos e baixos como qualquer casal, mas há uma enorme cumplicidade e uma infinidade de coisas em comum: adoramos cozinhar, cuidar da casa, fazer longas caminhadas, ouvir música. Minha filha gosta muito dela. É estranho, formamos uma família feliz. Só falta a coragem para falar sobre isso em alto e bom som.

Parece que você ainda se surpreende com você mesma por estar construindo uma relação amorosa com uma mulher, num convívio que inclui sua filha. Apesar de o homossexualismo não ser mais considerado um desvio da sexualidade e de haver maior visibilidade de gays e lésbicas, ainda vivemos numa sociedade em que muitos condenam, reprovam e discriminam os homossexuais. Ainda crescemos com essa noção de que é errado amar pessoas do mesmo sexo; nesse sentido, entendemos o conflito que você está vivendo entre o seu sentimento na prática do relacionamento, o seu desconforto e o medo de falar sobre isso "em alto e bom som" até para você mesma!

Nem sempre é fácil para uma mulher assumir que gosta de transar com outras mulheres. Isso é facilmente comprovado quando se pesquisa sobre o assunto: segundo o Ministério da Saúde, menos de 5% da população brasileira se declara homossexual, e todos são homossexuais masculinos! E as mulheres? Simplesmente não aparecem nas estatísticas oficiais do país!

Algumas pessoas ainda insistem em dizer que quem gosta de transar com pessoas do mesmo sexo já nasceu assim, ou seja, que ser ou não homossexual é uma questão genética. Mas até agora essa teoria ainda não conseguiu ser comprovada. Na verdade, o que se sabe é que a nossa orientação sexual não é estática, vai se moldando ao longo da vida e pode até mudar! Foi justamente isso que aconteceu com você, não?

Sabemos que essa revelação pode ser muito difícil, seja por medo do preconceito, da rejeição, seja por vergonha de dizer do que realmente gosta ou por não saber como as pessoas queridas reagirão quando souberem. E "ficar dentro do armário" pode trazer importantes conseqüências, tais como o isolamento social, dificuldades de relacionamento e riscos à saúde.

Sentimos que agora você realmente se descobriu como mulher, tanto no amor quanto no sexo. Mas o que tem feito para se proteger? Você sabia que as mulheres também podem se contaminar com uma doença sexualmente transmissível — inclusive o HIV — quando transam sem proteção com outra mulher contaminada? Pois é... muitas não sabem e correm riscos ao compartilhar os mesmos brinquedos eróticos sem preservativos ou praticar outras formas de penetração, como com os dedos e com a língua, sem a proteção adequada. Além disso, quando são bissexuais, podem se contaminar com um parceiro do sexo masculino.

Isso sem falar naquelas que assumem uma identidade e um papel masculinos, mas se esquecem de que têm um corpo de mulher e que estão sujeitas aos mesmos problemas, como câncer de colo de útero e de mama, e, portanto, deveriam fazer periodicamente os exames preventivos.

Quer algumas dicas para se proteger na hora da transa? Então aí vão elas: mantenha sempre as unhas curtas e bem aparadas para não machucar a parceira; use luvas para fazer a penetração vaginal e/ou anal; coloque a camisinha no vibrador antes da penetração e não se esqueça de trocá-la se a parceira também for utilizá-lo; para o sexo oral, pode ser usado um preservativo aberto cortado ao meio, que deve ser colocado esticado entre a boca e a vagina e/ou o ânus da parceira, para proteger do contato com as secreções.

Exercer livremente a sexualidade é um direito de todos os homens e mulheres. Mas não se esqueça de desfrutá-lo com responsabilidade. Esperamos que, independentemente do tipo de relacionamento que escolher, você cuide bem da sua saúde e também de quem você ama!

26
Papai e mamãe

Amo minhas filhas, mas não me sinto mais mulher. Ô pai! Ô mãe! É assim que meu marido e eu nos chamamos desde que a primeira delas nasceu. Não é que a gente tenha deixado de fazer sexo, mas está a anos-luz de distância do que era antes. Parece que agora ele só faz por obrigação, e eu pela preocupação de que ele arranje outra se eu passar mais de um mês dizendo que estou cansada, menstruada, indisposta ou com dor de cabeça.

A história começou na primeira gravidez. Ele sempre foi muito exigente com a estética: três quilos a mais era tragédia, reclamava que eu estava barriguda, com a cintura grossa. Eu vivia obcecada com a balança, além de cuidar da pele, do cabelo, das unhas. Impecável. A gente se seduzia com jantares à luz de velas, um bom vinho, roupas íntimas tentadoras, carinhos eróticos, amor sem pressa. Quando engravidei, ele continuou carinhoso e atencioso, mas o tesão dele diminuiu na exata proporção em que a barriga cresceu. No final, ele só me abraçava por trás, me beijava ternamente o rosto, mas paramos de fazer sexo. Tentei seduzi-lo algumas vezes, porém ele não sentia atração por mim com aquela barriga enorme.

Eu me senti muito insegura, ouvi histórias de homens que abandonam a mulher grávida para ficar com outra. Mas ficamos felizes com o nascimento da primeira filha e nos dedicamos muito a ela. Mesmo quando ela passou a dormir no outro quarto, não conseguimos mais fechar a porta do nosso, sempre com receio de que ela pudesse precisar de alguma coisa no meio da noite.

E a história se repetiu na segunda gravidez e continua assim até hoje, as meninas já crescidas, com 8 e 6 anos. Só fechamos a porta do quarto nos raros momentos em que resolvemos transar. Nunca tivemos coragem de viajar sem elas, nos fins de semana fazemos os programas das meninas, raramente vamos a um cinema na sexta à noite.

Não posso dizer que meu casamento é ruim: ele é um excelente pai e um marido atencioso. Não acho que tenha outra mulher, é da casa para o trabalho e do trabalho para casa. Eu também. Gostamos da vida em família, de ver televisão com as meninas abraçadinhas na nossa cama, a menorzinha costuma acordar de madrugada e se meter no meio da gente, de manhã cedo vem a outra, e acordamos todos juntos no nosso quarto.

Mas sinto saudade da gente como homem e mulher. Não sei por que não consegui ser mulher e mãe. Fazemos amor com carinho, mas perdemos aquele fogo maravilhoso, aquela criatividade, agora é sempre do mesmo jeito, previsível demais. Literalmente papai e mamãe...

"Papai e mamãe" ocuparam o palco e deixaram o homem e a mulher nos bastidores. Isso é muito comum: um grande número de casais se queixa disso em nossos consultórios. Você sabe se seu marido também sente saudade dessa dupla? Em caso positivo, o que vocês podem combinar para resgatar o encantamento? Talvez o primeiro passo seja deixar que apenas as crianças chamem vocês de pai e mãe... E, então, um poderá ajudar o outro a integrar os prazeres de homem-pai e mulher-mãe. Mesmo num casamento duradouro e com um corpo longe da perfeição cultuada pelas revistas da moda, é possível cultivar a atração e o romance.

Você nos conta que sua primeira gestação marcou a diminuição do entusiasmo pelo sexo. A gravidez é realmente um período repleto de transformações. O peso aumenta, os seios crescem, mudam os hormônios, o corpo, a agilidade, o sono, a sensibilidade e tantas outras coisas... Com o sexo não é diferente. Muitos casais experimentam mudanças durante essa fase, seja no modo de fazer sexo (algumas posições sexuais podem ser muito complicadas no fim da gestação, e outras, bastante criativas!), seja na intensidade do tesão, que pode diminuir ou aumentar.

Depois vem o nascimento, o resguardo, a amamentação, as crianças crescendo, o retorno ao trabalho, a dupla jornada... E aquele sexo gostoso, a viagem a dois, tudo vai ficando para depois. Ao assumirem o papel de "pai" e "mãe", muitas vezes as pessoas se esquecem de que também são homem e mulher e que a sua relação precisa de tanta atenção quanto seus filhos. Como você vê, essas mudanças acontecem com muitos casais. Mas, quando ambos estão insatisfeitos com a falta do "fogo maravilhoso", o que cada um pode fazer para surpreender agradavelmente o outro e colocar o homem e a mulher em cena, sem necessariamente expulsar o pai e a mãe para os bastidores do palco da vida em família?

Aí vão algumas dicas para quem quer alimentar o clima de namoro no casamento:

- Deixe os filhos na casa da sogra, da mãe, com a babá ou outra pessoa em que você confie, para que vocês possam ter um tempo a sós. Mas não vale ficar estressada pensando neles. Tente relaxar e aproveitar!
- Mudar o ambiente pode ser bastante interessante. Se puderem ir a um motel ou um outro lugar diferente, ótimo. Senão, mude o ambiente em que estão: pode ser um jantar à luz de velas, com um bom vinho (se vocês gostarem) e uma boa comida. Mas cuidado, nada de exageros! Evitem fazer refeições pesadas ou se exceder na bebida alcoólica, pois podem correr o risco de causar o efeito contrário ao planejado!

- Surpreender seu amor com um presente ou vestindo uma *lingerie* nova também pode ser um poderoso afrodisíaco. Para muitos homens, a visão é um grande estímulo sexual. Outros curtem usar brinquedinhos eróticos dos mais variados tipos, daqueles que se vendem em *sex shops*. Porém, fique atenta para não o assustar com muitas novidades, principalmente se vocês nunca tiverem feito nada parecido antes!

Mas nada disso adianta se você não estiver feliz e de bem com seu parceiro. Não se esqueça de que diálogo franco, carinho e respeito mútuos são ingredientes fundamentais dessa mistura!

27
Maternidade solitária

Passei um tempão adiando o plano de me casar e ter filhos, pensando em fazer meu lugar ao sol no mercado de trabalho, numa área muito competitiva em que poucas mulheres conseguem destaque. Tive alguns relacionamentos, mas nunca abri meu coração para amar profundamente.

Quando fiz 30 anos, estava sem namorado e, nos três anos seguintes, não conheci homem algum que me empolgasse. Vivia o dilema de ter ou não ter filhos, casar ou ficar solteira. Nunca sonhei em ter uma família grande, e muitas vezes me passou pela cabeça não ter filho nenhum, principalmente porque viajo muito a trabalho e gosto dessa vida nômade: na mesma semana, posso estar em Nova York e em Londres, no mês seguinte em Tóquio, e por aí vai. Mas uma coisa é fechar o apartamento e viajar, outra é manter a infra-estrutura para cuidar de uma criança pequena enquanto estou ausente.

Há pouco mais de dois anos, conheci um homem especial, executivo de uma grande empresa. Casado; nem tudo é perfeito. Por coincidência, ele também ia para Nova York. Acabamos nos encontrando lá, numa brecha entre os respectivos jantares de negócios, e aí pintou uma atração muito forte. Sem aquele papo típico de homem casado que jura que está infeliz com a mulher, mas não sai de casa por causa dos filhos. Ele foi muito sincero: disse que o casamento dele sempre foi bom, mas não acredita em monogamia porque ninguém pode preencher todas as necessidades afetivas com uma pessoa só a vida inteira. Como também penso assim, não me choquei com a franqueza dele, pelo contrário, me encantei.

Outra coisa que me atraiu nele foi a ligação com os filhos. Mesmo viajando quase todas as semanas, consegue ser um paizão. E foi aí que comecei a sonhar em ter um filho com ele, até pelo fato de já ter passado dos 35 e não poder mais esperar tanto tempo para tomar essa decisão.

Foi uma insanidade: resolvi engravidar sem tratar do assunto com ele. Depois de certo tempo de relacionamento, dis-

pensamos a camisinha, menti dizendo que continuaria a tomar a pílula, e o desejo de ter um filho com ele virou uma obsessão.

Quando contei que estava grávida, ele ficou transtornado, porque não aceita o aborto e não queria fazer uma família paralela. Por fim, acabou se conformando com o fato consumado, mas me dá muito pouco apoio. E ainda não teve coragem de dizer à mulher que tem um filho comigo.

O pior é que não sei se tenho vocação para ser mãe. Fico irritada com o choro dele, me sinto sozinha com essa responsabilidade toda. Minha família não me ajuda muito, ele continua no casamento dele, de vez em quando visita o menino, mas nossa relação esfriou totalmente.

Seu depoimento nos fez pensar no tema das conseqüências de nossas escolhas. Há decisões que tomamos mais racionalmente, combinando o sonho com um plano de ação bem estruturado, e outras que são impulsivas, resultado de um forte desejo. Ao que parece, você construiu sua vida profissional passo a passo e com muito sucesso. Amor e filhos em segundo plano, sem tempo para refletir mais a fundo sobre o tema.

E aí o desejo tomou conta de você e o planejamento cuidadoso não aconteceu. Com o toque do "relógio biológico" que lembra às mulheres acima dos 35 anos que está na hora de pensar se querem ou não ser mães, a dúvida acabou se transformando em obsessão. Sua escolha secreta resultou na maternidade solitária da qual você se queixa.

Mesmo entre homens e mulheres casados, observamos essa divergência de desejos de ter ou não um filho. Por isso, muitas gestações acabam sendo "planejadamente acidentais", seja porque a mulher diz que está se prevenindo quando, na verdade, está tentando engravidar, seja por uma cumplicidade inconsciente entre ambos: o homem diz que não quer, mas depois se envolve profundamente com a criança, mesmo quando perdura o ressentimento com a mulher que o enganou.

Um alerta aos homens: quando pensam que evitar filhos não é assunto deles, não se dão conta do risco de serem pais à sua revelia. Ficam à mercê da decisão da mulher de interromper ou levar adiante a gravidez e, legalmente, têm de assumir a responsabilidade pela paternidade que não desejaram.

O desejo de ter um filho pode alimentar muitas esperanças que acabam não se concretizando. Apaixonada por ele, você gestou também a esperança de que ele abandonaria a mulher e os filhos para formar com você uma nova família? O que ele lhe deu a entender nesse sentido? Você imaginou que ter um filho com ele pudesse ser uma isca suficientemente poderosa para atraí-lo? Como acontece com muitas outras mulheres que criam essas expectativas, o resultado é a frustração e a dificuldade de ser mãe sem contar com a participação do pai da criança, acarretando problemas na construção do vínculo com o bebê, que demanda muito mais do que a mulher se sente capaz de oferecer.

Na ausência do pai da criança, a mulher precisará formar uma rede de apoio eficaz com parentes e amigos, para receber a ajuda necessária nos momentos em que sente dificuldades na relação com o filho ou fica cansada com as demandas que precisam ser atendidas. Com quem você pode contar? Pensar mais a fundo na necessidade de construir essa rede de apoio nos ajuda a descobrir recursos ou a criar coragem para pedir a colaboração de pessoas nas quais nem havíamos pensado antes e que podem efetivamente se mostrar disponíveis.

É importante que você cuide disso, porque o sentimento de solidão e a sensação de desamparo aumentam o nível de estresse e de irritabilidade, e isso, quando leva ao desespero ou à exaustão, representa maior risco de comportamentos violentos com a criança, tais como bater, xingar ou ignorar sua presença. Seu filho nem completou 1 ano: você ainda está em fase de adaptação a essa nova etapa de vida que exigiu enormes mudanças práticas, sem falar no lado emocional. Realmente, não é fácil passar por isso. Mas acreditamos que, após sua adaptação a essa nova condição, você conseguirá descobrir a alegria de ver seu filho crescer!

28
Cobrança

Quero tanto ter minha independência financeira! Não vejo a hora de dispensar a mesada do meu pai, de não ter de implorar por um dinheirinho extra para comprar uma roupa nova e ouvi-lo jogar na minha cara que eu gasto demais porque não tenho a responsabilidade de sustentar a casa...

E, ainda por cima, ele e minha mãe vivem me cobrando que eu deveria estudar mais! Querem o quê? Saio direto da faculdade para o estágio, devorando um sanduíche. Nunca liberam a gente no horário, quando saio às sete o pessoal me olha atravessado, a maioria fica no escritório até as nove da noite. Chego em casa exausta, preciso malhar, correr, dar uma caminhada, mas não tenho disposição. É tomar banho, jantar, ver um pouco de televisão, aí dá aquele sono mortal e o estudo fica para o dia seguinte.

Meu namorado reclama porque a gente se vê pouco. Ele é funcionário público, tem horário para entrar e para sair. Quando ele aparece lá em casa no meio da semana e eu acabo dormindo durante a conversa, ele fica chateado. No fim de semana, a gente sai e aí não estudo. Também quero um trabalho tranqüilo, não essa vida massacrante do pessoal do escritório. Quero ter tempo para fazer o que eu gosto. Não quero passar a vida toda nesse ritmo em que estou agora.

Minha mãe, com a minha idade, já estava casada e com dois filhos. Meu namorado quer ficar noivo, mas eu ainda nem quero pensar em casamento. Não conseguiríamos viver com um padrão razoável só com o que ele ganha. Preciso cuidar da minha carreira para não depender de marido, já basta depender de pai e mãe. E não quero viver na dureza, tendo de contar os centavos para pagar as contas.

Quando fico atormentada com tanta cobrança, sonho em alugar um apartamento com uma ou duas amigas, mas depois caio na real e vejo que esse sonho de independência vai demorar a acontecer. Quase todos os meus amigos ainda *moram com os pais porque o que eles ganham não dá para o sustento. E nem querem dispensar as mordomias de ter casa, comida e roupa lavada, sem o trabalho de gerenciar tudo isso...*

Ai! Vivo estressada com as cobranças que chegam de todos os lados: dos pais, do namorado, das amigas ciumentas que reclamam que nunca mais saí com elas, da vovó que se queixa de que não me vê há três meses. Gente, eu sou uma só! Digo isso a todos e também a mim mesma.

Com mais de 20 anos, morando com os pais, vivendo de mesada e se sentindo massacrada pelas cobranças: você sabia que essas são as características básicas da "geração canguru"? São as pessoas que não querem sair da "bolsa materna" nem do ninho do lar por vários motivos:

- Dependência financeira — há algumas décadas, ter um diploma universitário garantia um emprego, ou até mais de um. Atualmente, mesmo com pós-graduação, os jovens encontram dificuldade de inserção no mercado de trabalho. Mesmo quando conseguem emprego, os salários são insuficientes para o seu sustento.
- Desejo de manter um padrão de vida confortável — embora se queixem da cobrança de presença e de participação nas tarefas domésticas, muitos jovens se acomodam com as mordomias oferecidas ("casa, comida e roupa lavada"), gostam da liberdade de ir e vir, da possibilidade de gastar o que ganham com os desejos pessoais, e não querem passar por um grande aperto financeiro para assumir os encargos de morar sozinho.

- Sobrecarga de tarefas — a preparação para o mundo do trabalho altamente competitivo, juntamente com a necessidade de completar ou aperfeiçoar os estudos, torna-se a meta prioritária entre os 20 e os 30 anos, motivando o adiamento de outros planos de vida, tais como casar, ter filhos ou organizar moradia própria. Isso restringe o tempo disponível para outros aspectos importantes da vida, como a dedicação aos relacionamentos com a família, os amigos e a pessoa amada.

Quando você sente o massacre das cobranças, consegue pensar nos benefícios e no apoio que recebe das pessoas das quais se queixa? A vovó, as amigas e o namorado querem mais tempo com você porque gostam da sua companhia, não é verdade? O incentivo que seus pais lhe dão para trabalhar e se preparar para o mercado de trabalho reflete a mudança na maneira de criar as filhas: tradicionalmente, as meninas eram preparadas para desenvolver habilidades que as tornassem candidatas a ser escolhidas pelos "bons partidos". O estigma de solteirona ou "encalhada" atormentava as mulheres que não conseguiam casar-se com um homem responsável pelo seu sustento.

Atualmente, observamos que a grande preocupação das famílias como a sua é preparar as filhas para entrar no mercado de trabalho, para que consigam viver "sem depender do marido": na falta de garantia da permanência dos casamentos e dos empregos, fica mais difícil construir a vida esperando ser sustentada.

E então? Como você está lidando com o desafio de administrar o tempo para fazer tudo isso? Reconhecemos que esse período é de grande sobrecarga, acumulando horários de faculdade e estágio. Mas acreditamos também que é possível gerenciar o tempo cuidando das prioridades, revendo as nossas rotinas e criando lugar para o que é essencial.

29
Invisível

Lembro-me perfeitamente bem do susto que levei quando, pela primeira vez, alguém me chamou de senhora. Pensei: meu Deus, será que já estou ficando com cara de velha e nem percebo? E eu estava com pouco mais de 30 anos.

Outros trinta se passaram e agora estou mesmo envelhecendo. Quase todo mundo me chama de senhora, isso já não me assusta. Aceito. O que está difícil de aceitar é a sensação de estar invisível para o olhar dos homens que ainda me atraem. Sempre consegui atrair muitos olhares, e me sentir desejada faz um bem enorme. Agora, o olhar dos homens me atravessa como se eu fosse transparente, invisível; se por acaso cruza com o meu por algum outro motivo, coincidência, curiosidade, conversa ocasional, sei lá, não encontro o desejo buscado.

Sair com minha filha me deprime. Ela é linda, eu fui, não sou mais. Os olhares se dirigem para ela, é como se ninguém mais estivesse ali ao lado. E lá estou eu. Invisível.

Há pouco tempo, arrumando os armários, encontrei antigas fotos de família. Minha filha pequena, meus pais, minha avó, parentes e amigos em festas de aniversário. Quantos já morreram, meu Deus! Eu jovem, os cabelos longos, era uma mulher linda. Percebi a passagem do tempo, tão rápido, sem volta. Vejo os primeiros fios de cabelo branco em minha filha, as primeiras rugas na testa e em volta dos olhos. Tão estranho! Ainda ontem era uma menininha...

Sinto meu corpo como uma embalagem perecível, sensível, frágil. Às vezes, tudo me dói, preciso de uma massagem delicada, um abraço quente, um beijo de tirar o fôlego. Como gostaria de ter um namorado! Há momentos em que gostaria de viver até os 100 anos, há outros em que me lembro do meu pai, que com 80 estava cansado de viver.

Não, ainda não estou cansada de viver. Gosto de sair com as amigas, ir ao cinema, cuidar da casa, experimentar recei-

tas novas, ler um bom livro, viajar. Gosto de estar com minha filha, sentir essa cumplicidade de mulheres, trocar confidências.

Há muitos prazeres na vida, e esse é o papo das noites de sábado com as amigas: sentir a sensualidade de um bombom de chocolate puro derretendo na boca, o chá de amêndoas aquecendo a garganta, o aroma de um bom vinho tinto numa noite de frio para... dormir sozinha depois!

Quem não tem cão caça com gato. Sem um homem que me pegue, me acaricie, me penetre, eu me toco, passo a mão pelos meus seios, me abraço, massageio meu sexo até o gozo, fantasias delirantes, homens desejados me querendo ardentemente. Prazeres reais, prazeres imaginários, não quero ficar infeliz por me sentir uma fêmea invisível. Nem me enganar, dizendo que isso não dói. Dói, sim.

Você está se sentindo invisível para o olhar de desejo dos homens que passam. No entanto, em seu relato deixa transparecer que sente prazer em estar com sua filha e também com as amigas: isso significa que você está não só bem visível como pessoa, mas também que é querida por muita gente porque foi capaz de construir vínculos afetivos sólidos.

Quem vive muito envelhece. Mas a passagem do tempo pode ser muito dolorosa para algumas mulheres, principalmente quando atingem a menopausa e os filhos estão no apogeu da juventude. A saudade da beleza jovem dificulta a descoberta da beleza madura e de outras formas de sedução. A dor da perda da beleza jovem pode aguçar sentimentos de rivalidade e de inveja em relação às filhas, gerando conflitos de relacionamento e condutas de desprestígio, menosprezo e críticas ácidas. Felizmente, isso não aconteceu com você: mesmo com a dor de se sentir invisível ao lado de sua filha que atrai todos os olhares, é possível curtir com ela uma intimidade gostosa.

Apesar dos prazeres que cultiva, o medo de envelhecer está visível ao seu lado. É bom que você saiba que esse medo não assombra somente as mulheres. Os homens também temem a velhice, principalmente quando surgem os problemas com a ereção. Vivemos em uma sociedade consumista que valoriza demais a beleza física, o corpo sempre jovem e em forma. Isso passa a ser uma condição indispensável para ser apreciada e desejada pelo sexo oposto. Essa é uma das preocupações mais comuns no consultório: "Mas, doutora, e agora? Estou ficando toda caída! Será que posso tomar algum remédio para isso?" Não é de admirar que muitas mulheres acabem tendo medo de envelhecer por se sentir ultrapassadas e fora desse mercado sexual.

Que tal fazer uma revisão mais profunda da auto-estima e do próprio sentido da vida? A embalagem é mais importante que o conteúdo? Quando não se tem mais a embalagem do corpo jovem, como desenvolver outros meios de sedução?

Qual o valor da beleza interior? A dor de se sentir invisível e o medo de envelhecer representam o medo da morte. Como disse Simone de Beauvoir, quando envelhecemos o futuro fica cada vez mais curto, e o passado, cada vez mais longo. Então, por que não cultivar com mais cuidado a serenidade, a paz dentro de você que irradia para quem está em volta? E o desenvolvimento da espiritualidade, como está? Vale lembrar que, mesmo sem ser praticante de alguma religião, é possível desenvolver-se espiritualmente, colocando na vida a perspectiva da transcendência.

Enfim, desejamos que você, ao refletir mais a fundo sobre suas qualidades, possa finalmente se sentir visível para as pessoas que de fato importam.

30
Perda total

Ontem eu estava na varanda, no desconforto de um calor abafado. Uma tempestade se armava, nuvens pesadas, escuras. Logo desabou o temporal, parecia que o céu vinha abaixo. E eu sozinha em casa com a minha dor, meu marido ainda no trabalho, e a tempestade que se armou de repente em nossa vida parece que veio para ficar. Entrei, me afundei no sofá olhando a chuva, o rosto molhado de suor e lágrimas, a palpitação no peito que aparece sempre que me vem a lembrança do telefonema da minha nora, desesperada, me dando a notícia de que meu filho tinha sido baleado no carro.

Ele não conseguiu chegar com vida ao hospital. Quem viu disse que o sinal abriu e meu filho deu uma arrancada no carro na esperança de evitar o assalto, mas o rapazinho disparou e o tiro o atingiu na nuca. Maldita pontaria, meu Deus. Quatro meses já se passaram e ainda não dá para acreditar que isso aconteceu. Ainda espero que ele me telefone, que apareça para nos visitar, mas ao mesmo tempo essa dor no peito me acompanha o tempo todo, é como se eu tivesse sido rasgada por dentro, um buraco, um vazio, como se me tivessem arrancado o coração.

Sempre ouvi dizer que não existe dor maior que a da perda de um filho. É a pura verdade. Dói demais, por que não fui eu que morri? Dói ver a tristeza silenciosa do meu marido, dói ver minha nora sofrendo e tendo de tomar mil e uma providências para reconstruir a vida sozinha com os três filhos, dói mais ainda ver as crianças desnorteadas, com saudade do pai: o maior fica repetindo todos os detalhes do assassinato, o do meio não consegue dormir direito, acorda chorando no meio da noite com pesadelos, e o pequeno todos os dias pergunta quando o pai vai voltar para casa.

Há momentos em que penso naquele rapaz. Será que sente algum remorso? Será que atirou por raiva ou pelo prazer de tirar uma vida que para ele não tem valor?

Perguntas sem resposta nesta cidade violenta em que esses casos acontecem todos os dias. Eu passava os olhos rapidamente por essas notícias, agora cada uma delas me abala, aconteceu conosco, meu filho não está mais aqui. Sinto raiva, tristeza, desespero, tudo se mistura na dor.

Sei que não posso me entregar, preciso reagir. Estou com eles quase todos os dias, ajudo no que posso, converso muito com minha nora. Eles formavam uma família feliz, meu filho era bom marido e ótimo pai. Rezo muito para que Deus nos dê forças para passar por tudo isso sem perder a fé. É impossível entender por que uma coisa tão ruim aconteceu com uma pessoa tão boa. Os amigos têm sido maravilhosos, os colegas de escola das crianças escreveram bilhetes carinhosos, telefonaram, visitaram, passaram a matéria das aulas que eles perderam. É bom sentir esse apoio das pessoas, vale muito numa hora dessas.

Mas, na minha vida, não sei se o sol volta a brilhar...

A perda repentina e trágica do seu filho provocou uma dor profunda em toda a sua família e um forte abalo entre os amigos. É muito duro passar por essa situação em que uma vida termina e muitas outras precisam se reestruturar, desde os menores detalhes do cotidiano até os projetos maiores, que já não serão os mesmos sem a presença daquele que se foi.

Quando você nos conta sobre as reações de seu marido, sua nora e seus netos, reconhecemos diferentes maneiras de viver o luto. Todas são válidas e precisam ser respeitadas: muitos sentem necessidade de contar e recontar o episódio, na tentativa de digerir pouco a pouco a perda; outros se recolhem, o olhar perdido, os pensamentos indo do presente ao passado, com dificuldade de encontrar perspectivas de futuro sem a presença de quem partiu. Há quem prefira negar a realidade, mantendo o lugar na mesa, as roupas no armário, todos os pertences onde costumavam estar. Alguns, mesmo que nunca tenham cultivado a fé, procuram consolo na crença de que a morte é uma passagem para outro plano de existência, até mesmo buscando um contato com a pessoa em outras dimensões.

Infelizmente, na realidade de diversos países, muitas pessoas morrem como seu filho. No Brasil, pelos dados do IBGE (2003), a morte por utilização de arma de fogo é uma das principais causas de óbito entre a população masculina em várias faixas etárias. Como aconteceu com você, no processo de luto após uma perda repentina, o choque da notícia produz uma sensação de irrealidade, como se estivéssemos tendo um pesadelo ("não dá para acreditar que isso tenha acontecido"), a dor se mistura com revolta ("por que comigo?"), não dá para entender como aquilo aconteceu, mesmo para os mais espiritualizados.

Em meio a tanta dor, vocês receberam suportes essenciais. A presença de pessoas queridas, as conversas com aqueles que já passaram por perdas importantes, a solidariedade e o acolhimento afetuoso são muito importantes para construir a rede de apoio. Isso é fundamental para, aos poucos, recompor a vida de todos e aprender a conviver com a saudade.

Tivemos a oportunidade de acompanhar pessoas que sofreram grandes perdas e sabemos quanto custa reconstruir a vida numa situação assim. Mas, mesmo quando estamos no fundo do poço, podemos contar com nossa força de superação. Nesse momento, por mais difícil que pareça, acredite: essa força também existe em você.

31
Infiel

Estou arrasada, jamais imaginei que isso pudesse acontecer! Já conhecia a dor da traição, afinal me separei do primeiro marido quando descobri que ele estava de caso com uma amiga minha. Mas essa dupla traição, a dor de perder marido e amiga ao mesmo tempo, não foi pior do que isso que acabou de acontecer: ver o meu namorado de beijos e abraços com... outro homem!

Ainda estou em estado de choque. A idéia de sair com um grupo de amigos para zoar numa boate GLS era pura diversão. Nem me passou pela cabeça dizer a ele que ia para um programa desses, quinta-feira não é dia de namorar. Nesses oito meses de namoro, cultivamos o saudável hábito de não fazer relatórios de nossas atividades nos dias em que não ficamos juntos, naquele espírito de respeitar o espaço individual de cada um. Mas nunca poderia imaginar que ele também gostasse de homem e tivesse esse tipo de vida secreta!

E agora? Com três meses de namoro, confiança total, dispensamos a camisinha. Estou morrendo de medo de fazer exame. E se eu estiver contaminada? Não quero nem pensar nisso! E a vergonha de ver aquilo? No princípio nem acreditei, achei que o estava confundindo com outra pessoa, tudo meio escuro, fumaça de cigarro, eu já com algumas caipirinhas na cabeça, pensei que estivesse delirando, cheguei a perguntar aos meus amigos se era aquilo mesmo que eu estava vendo, e era! Que humilhação, eu me senti a última das mulheres, então outro homem é melhor do que eu? Sou tão incompetente assim? Achei que já tinha cicatrizado a ferida da outra traição; doce ilusão, abriu tudo de novo e doeu mais ainda. Será que homem nenhum consegue ficar só comigo?

Não me arrependo do tapa que dei na cara dele lá mesmo, na hora. Nunca vou me esquecer da cara de espanto dele quando me coloquei bem de frente, armando o maior *barraco com o casalzinho romântico. Ai, que ódio! Virei as costas na mesma hora, aos prantos, saí da maldita boate, meus amigos atrás, preocupados comigo. A diversão virou pesadelo. Ele já deixou trocentos recados na secretária eletrônica, não liguei nem vou ligar.*

Dizem que o tempo é o melhor remédio. Mas será que ainda vou rir dessa história e voltar a confiar nos homens? O tempo dirá...

Entrar na boate para se divertir e sair chocada, mergulhada no turbilhão de raiva, tristeza, revolta, preocupação, desencanto... E, além disso, reabrir a ferida que nunca cicatrizou totalmente, a dor da traição. Há situações na vida que nos pegam de surpresa, mas abrem a oportunidade de aprender coisas valiosas.

Em primeiro lugar: cuidado com o ímã da culpa! A traição nem sempre acontece porque o relacionamento está insatisfatório: há pessoas que, para fortalecer a auto-estima, precisam sempre espalhar o *spray* da sedução; há também os que traem para não se sentir aprisionados num único relacionamento, querem a porta de saída sempre aberta para outras possibilidades.

Em segundo lugar: você não é menos mulher porque seu namorado estava com outro homem! Assumir-se como homossexual não é tarefa fácil para muitos homens; imagine então como bissexual! Muitos permanecem nessa "vida dupla" de forma clandestina e nunca saem do armário. Se nas estatísticas oficiais do Ministério da Saúde menos de 5% se declaram homossexuais, é possível imaginar quantos se declaram bissexuais: ninguém!

E essa situação afeta sobretudo as mulheres. Não é à toa que um dos grupos considerados mais vulneráveis à contaminação pelo vírus HIV é o das mulheres, principalmente as de meia-idade, de baixo nível socioeconômico, que vivem uma relação estável e muitas vezes com um único parceiro durante toda a vida. São justamente as que mais têm dificuldades de negociar o uso da camisinha. Isso não significa que as de melhor nível socioeconômico não estejam vulneráveis. Na verdade, todos nós estamos, em maior ou menor grau.

E esse é um aspecto importante para sua aprendizagem: nunca deixe de se proteger na hora de transar! A fronteira da confiança é um tema complexo. Até que ponto a prova de amor num relacionamento deve estar vinculada ao uso da camisinha? Para muitas pessoas, a camisinha ainda é sinônimo de infidelidade ou de relações sem compromisso. Argumentos como: "Você não confia em mim? Não estou transando com mais ninguém além de você", "Transar de camisinha é o mesmo que chupar bala com papel" e outros tantos são comuns quando há resistência ao uso do preservativo, tanto por parte dos homens quando das mulheres.

Entendemos o seu choque quando presenciou a cena. Para a grande maioria das pessoas, saber de uma traição é emocionalmente perturbador e pode ser ainda mais complicado quando se descobre que o parceiro é bissexual. Sentimentos de baixa auto-estima, incompetência e insegurança se misturam com a raiva e a revolta, resultantes da quebra da relação de confiança. Se, para muitas mulheres, ser trocada por outra é humilhante, perder seu homem para outro pode ser simplesmente devastador.

Não é fácil reconstruir a relação de confiança, seja com o próprio parceiro, seja consigo mesma. Queremos adverti-la para evitar uma armadilha falsamente protetora: frases como "Homem não presta", "Todos os homens são iguais, só mudam de endereço" são típicas de quem sofre de desconfiança crônica e tem medo de padecer com novas desilusões — e, com isso, corre o risco de se fechar para a entrega amorosa.

Não deixe que isso aconteça com você. Quando ficar triste, lembre-se de outras frases populares: "Pra frente, que atrás vem gente!", "Homem é que nem biscoito: vai um, vêm dezoito!", "Levanta, sacode a poeira e dá a volta por cima!"

32
Na pressão

Que canseira, meu Deus! Será que nunca vou parar de me exigir tanto? E nem parar de me sentir culpada quando fico de bobeira, sem fazer nada? Essa mania de ser produtiva me persegue, até nas férias levo livros técnicos para ler, é um inferno, não sei mais o que fazer para me libertar desse medo de perder posição no mercado de trabalho.

Sim, eu sei, existe essa maldita exigência de aperfeiçoamento constante, se a gente parar no tempo perde o lugar. Não sou tão louca, há mesmo uma exigência do mercado, as mulheres estão ganhando terreno, mas ainda existe muito chão para caminhar, na empresa em que trabalho só duas mulheres ocupam cargos de chefia, mais de 60% dos funcionários são homens, quando se fala em demissão as mulheres se angustiam.

Eu sei também que há preconceitos demais; mulher que nem eu, modéstia à parte, bonita, loura, magra, ainda é mais olhada como visual do que como competência. Lembro-me muito bem da época em que atuava no sindicato, quanta gente (até mesmo outras mulheres) dizia que eu ia lá atrás de homem...

Mas sei que exagero na dose, não sei bem que insegurança é essa. Sei que não é um delírio totalmente louco. Tenho amigas demitidas e desempregadas, sinto a pressão na empresa. Mas não gosto nem um pouco dessa sensação constante de insuficiência, de estar sempre aquém da minha expectativa, será que tudo o que faço não é o bastante? Acho que nenhum chefe conseguiria ser mais exigente comigo do que eu mesma...

Vivo engessada na minha rigidez, não é à toa que o estômago está reclamando, isso sem falar no corpo dolorido, acho que não fico completamente relaxada nem quando estou dormindo. Nem horário de almoço eu tenho, quinze minutos para um sanduíche e um suco, é difícil me dar o direito de fazer uma refeição decente, a menos que seja um almoço de negócios; mas, apesar de estar em ótimos restaurantes, fico tão concentrada na *conversa que nem sinto o gosto da comida. Ai,* fast-food *de vida, nada eu consigo saborear com calma...*

E aqui estou eu, num sábado à noite, terminando um trabalho que poderia fazer na segunda-feira. Mania de entregar tudo antes do prazo, medo de deixar para a última hora e não conseguir terminar, angústia de chegar atrasada nos lugares. E o pior é que essa pressão não é só no trabalho: sou a primeira a chegar nas festas e nos jantares. Sinto até vergonha de lembrar que nem como noiva consegui chegar atrasada na igreja. Claro, aconteceu o inevitável: o carro deu várias voltas no quarteirão, tive de esperar os padrinhos chegarem, porque ninguém em sã consciência espera que a noiva seja tão ridiculamente pontual.

Quanta ansiedade! Musculatura tensa, dores no pescoço, nos ombros, no estômago... Que outros sinais seu corpo está enviando para dizer que você precisa equilibrar melhor sua vida?

Sabemos que sua preocupação com a conquista de um lugar ao sol é legítima. Vamos compartilhar alguns dados estatísticos que nós, mulheres, precisamos saber, porque a desigualdade em relação aos homens ainda é expressiva. Segundo os dados do Censo do IBGE de 2003, o rendimento das mulheres corresponde a 70% do rendimento dos homens; de todas as mulheres que trabalham no Brasil, apenas metade tem carteira assinada e somente 2,6% são empregadoras. Outro dado que chama atenção é que apenas 3,7% das mulheres exercem algum cargo de chefia. Mesmo assim, ganham em média 36% menos que os homens em cargos similares.

Para muitas mulheres, essa realidade é causa de estresse e angústia permanente para manter-se no mercado e batalhar arduamente pela ascensão profissional num ambiente ainda dominado pelos homens. Esse estresse pode se manifestar de várias formas — dores no corpo, cansaço crônico, fadiga, ansiedade, transtornos alimentares e do sono, depressão e irritabilidade, entre outras —, que podem prejudicar a qualidade de vida e a própria produtividade.

Mas uma coisa são os dados da realidade, e outra é o que fazemos com eles. Você mesma reconhece que exagera na dose da mania de perfeição. Seu grau de auto-exigência é impressionante! Já parou para pensar que isso é crueldade com você mesma? E o risco que você corre de pifar no meio dessa correria louca em que nem se permite apreciar a paisagem do caminho?

Uma pergunta para a "noiva pontual": você está se dando tempo para curtir sua casa, o marido, os amigos? O que precisa acontecer para você acreditar que tem direito a reservar tempo para respirar, relaxar e saborear a vida com calma?

Em muitas mulheres, o dilema entre investir em capacitação profissional e oferecer o tempo de presença requerido pelo marido e pelos filhos é aguçado pelo sentimento de culpa. Em nosso dia-a-dia de trabalho, são comuns os relatos de mulheres torturadas pelo medo de perder posição no mercado de trabalho se não enfrentarem a sobrecarga de fazer uma pós-graduação, pela pressão do marido que solicita mais companhia, pela demanda dos filhos que literalmente caem em cima delas com mil e um pedidos, querendo ajuda para fazer os deveres escolares, adiando a hora de dormir ou acordando várias vezes de madrugada para dormir na cama da mamãe.

Muitas dessas mulheres carregam consigo um "ímã de culpa", atribuindo a si mesmas a total responsabilidade por tudo o que acontece de errado. No entanto, com a multiplicidade de tarefas, uma das maiores dificuldades é administrar o tempo para fazer frente a tudo isso e ainda cuidar bem de si.

Não é pecado colocar-se em primeiro lugar em alguns momentos. Depois de todo esse esforço, pegue mais leve e vá curtir a vida. Você merece!

33
Persistência insana

Sumiu de novo, ai, que canseira, isso sempre se repete e não consigo desistir. E aqui estou eu mais uma vez nesse dilema: espero, não procuro, já passei um e-mail, nada de resposta, deixei recado, nada de retorno. Deixo mais um recado desaforado, responde, porra, foi tão bom quando a gente se encontrou, nos divertimos tanto, o tempo voou, o sexo foi maravilhoso, e aí, no beijo de despedida, as pontas soltas de sempre: a gente se vê... Puta que pariu, se é tão bom, por que não é sempre? "Não estou em fase de ter compromisso", e daqui a pouco vai estar morando de novo com uma mocréia qualquer...

Vontade de perguntar a ele o que quer da vida, de mim, de nós. Nem adianta, porque mais uma vez ele responderia que não sabe, que está confuso, se buscando, que é errático. O que me faz persistir? O que alimenta essa esperança maluca? O desafio de não me deixar vencer? A paciência, a persistência? O desejo de ir até o fim? Tento inutilmente proibir esse amor de ter futuro. Amor não correspondido tem gosto ruim, só adoça com ilusão.

Como consegui fazer de tantos amores páginas viradas, lembranças indolores, perplexidades (como fui me interessar por um cara daqueles?) e não consigo fazer nada disso com ele?

Quando vou me libertar dessas ilusões? Ninguém entende a persistência dessa escolha. Nem eu. Logo eu que sou tão pouco tolerante, com minha facilidade de entrar e sair desse livre trânsito amoroso, fiquei presa e perdida nesse labirinto do coração.

No fundo, sei que não vai dar, nem estou mais me entristecendo tanto com isso, mas preciso tentar um pouco mais, prosseguir nessa lenta despedida dentro de mim, com a mesma paciência que não tenho para montar quebra-cabeças de mil peças.

E se, em minha próxima tentativa de contato, mais uma vez ele não quiser? Vou conseguir apenas lamentar ou vou viver o resto da vida pendurada nesse negócio inacabado?

O que mais precisa acontecer para eu desistir definitivamente e dizer "Basta!", como já disse a tantos outros?

Bem, pelo menos agora já consigo pensar em tudo isso sem chorar. O lema do xampu para crianças: "Chega de lágrimas!" Queria tanto acreditar naquela letra do Cartola: "Pra que chorar, pra que sofrer, se há sempre um novo amor a cada novo amanhecer?"

Qual será a ilusão poderosa que está mantendo você nesse sofrimento crônico? Será que se deixou enredar pelas "fantasias messiânicas" que atacam a maioria das mulheres? Você realmente acredita que, persistindo nesse desencontro, conseguirá ajudar esse homem a encontrar um rumo na vida e aprumar a cabeça confusa? Ou será que resolveu colocar para você mesma o desafio de conquistá-lo a qualquer preço, sem querer dar o braço a torcer?

Pelo pouco que você fala do seu "livre trânsito amoroso", tivemos a impressão de que prefere passar pelo sofrimento agudo de terminar um relacionamento insatisfatório a se deixar arrastar pesadamente sem conseguir encontrar a porta de saída. Mas e agora, o que está acontecendo? Será que ele é o Homem-Aranha, que fez uma teia tão terrível a ponto de você não conseguir escapar?

Quando pensamos em sadomasoquismo, quase sempre nos lembramos de imagens de chicotes, máscaras, algemas, couros e práticas sexuais dolorosas como meios de obter prazer. Mas há padrões de relacionamento afetivo com fortes tinturas sadomasoquistas mesmo quando nem de longe há dor física ou práticas sexuais de dominação/submissão.

Isso acontece quando uma das pessoas busca incessantemente o contato, enquanto a outra sente prazer em se afastar, negando a aproximação para tornar-se mais desejada ou valorizada, e causando sofrimento. Uma breve aproximação é oferecida, intensificando a esperança e o anseio, e a isso se segue um novo afastamento, que gera frustração e sofrimento. É a dança do desencontro. Embora você não nos tenha dado a impressão de ter esse perfil, será que, desta vez, se deixou enredar nessa teia sadomasoquista?

Na dança do desencontro, a desistência torna-se difícil, embora a pessoa se sinta frustrada por causa das pequenas doses de esperança, mesmo que sofrida. Ao se deixar aprisionar por esse tipo de esperança, tende a idealizar o outro, agarra-se ao desafio de vencer os obstáculos, de conquistar alguém tão difícil. Prisioneira desse ciclo interminável de esperança e frustração, acaba deixando passar oportunidades preciosas de construir uma relação amorosa mais gratificante, com reciprocidade de afeto. É preciso aprender a dança do encontro.

Acreditamos que será preciso uma grande força de vontade para você determinar o ponto de corte e parar de alimentar esse circuito infeliz: quanto mais insistir, mais ele se retrairá e, possivelmente, sentirá prazer em vê-la suplicante para poder desprezá-la. Ao refletir mais profundamente sobre a dificuldade de sair dessa, procure ver também se, nos casos em que você saiu rápido demais, não teria desperdiçado um belo potencial de construir um amor com menos néon e mais aconchego.

34
Divergências

Explodi com meu marido na frente dos pais dele, na casa de praia. Cheguei a ameaçar ir embora e deixar as crianças com ele. Não é fácil ter dois filhos agitadíssimos e me sentir sozinha para colocá-los nos eixos. Vivo exausta e irritada com meu marido, que fica parado olhando eu me descabelar com os meninos e nada faz, fica naquela de pai bonzinho, e eu sou a megera porque grito, dou uns cascudos e fico estressada.

Ele acha que proíbo muitas coisas. Pudera, os pais dele não colocaram limites de espécie alguma para ele e o irmão; acho um milagre eles serem adultos responsáveis. Mas não sei o que meus filhos seriam capazes de fazer se eu não segurasse as rédeas, acho que já teriam posto a casa abaixo. Se já é o caos com todo o regime militar que imponho, imagine se eu fosse como ele, que acha tudo natural e acredita piamente que as crianças se consertam sozinhas.

Nós éramos o casal perfeito: cinco anos sem ter filhos, viajando quase todos os fins de semana, uma vida social supermovimentada. Nossas diferenças começaram a surgir quando nasceu o primeiro. Temos pontos de vista bem diferentes sobre criação de filhos, porque nossas histórias são diametralmente opostas: meus pais eram muito rígidos e controladores, e os dele não faziam cobrança de espécie alguma. Meu marido, apesar de ter sido péssimo aluno, é ótimo profissional. Esse é o grande argumento que ele usa para me convencer de que não preciso transformar nossa casa num quartel. Nosso filho mais velho tira notas mínimas, mas meu marido acha que não há nada de mais em repetir o ano. Para mim, que sempre fui aluna exemplar, isso é simplesmente impensável.

Agitados do jeito que são, os dois dormem muito tarde. Tentei de tudo para que durmam mais cedo: já ameacei bater, tirei televisão e videogame do quarto, mas não adianta. Ficam correndo, pulando e implicando um com o outro até tarde. Nem consigo jantar sossegada com meu marido, eles ficam dan-

do voltas em torno da mesa aos gritos. E ele é incapaz de dar uma bronca, já estou sem moral de tanto impor disciplina sozinha.

O resultado é que a gente mal tem tempo para conversar, a vida de casal foi para o espaço e discutimos demais por causa das crianças. Nosso casamento se desgastou muito depois que eles nasceram. Mas, mesmo assim, nem penso em me separar. Gosto muito dele e, como diz uma música do Lupicínio, "é melhor brigar juntos do que chorar separados".

Quando vocês tiveram o primeiro filho, deixaram de ser somente um casal e passaram a ser pai e mãe, e essa mudança não é simples. Como você disse, seus pais foram bastante rigorosos e exigentes, ao passo que os do seu marido não fizeram muitas cobranças, foram bem condescendentes. Como vocês dois estão criando um modelo próprio como mãe e pai, combinando as respectivas diferenças a respeito da criação de filhos? Parece que ambos repetem os padrões dos próprios pais: você aperta, ele afrouxa e os meninos tumultuam o ambiente!

Seguramente, você e seu marido querem o melhor para os filhos. Portanto, precisam conversar mais profundamente a respeito das crianças. A grande diferença de visão sobre a criação de filhos pode ser fonte de conflitos de difícil solução ou terra fértil para desenvolver boas alternativas. Essas dificuldades não acontecem apenas com vocês: mães e pais costumam oscilar entre o autoritarismo e a permissividade. Ou seja, enquanto um se preocupa em estruturar a disciplina, o outro deixa acontecer para ver como fica. As crianças, desde cedo, percebem os diferentes estilos e armam suas estratégias de modo a tirar o melhor proveito da situação, recorrendo ao que mais faz concessões para contornar os obstáculos que encontram com o que vive dizendo "não".

É bom que você saiba que os pais não modelam os filhos como se fossem feitos de barro. As características das crianças também têm forte influência no funcionamento da família. Uma criança de temperamento calmo, que aceita razoavelmente bem os limites e as rotinas, é mais fácil de lidar do que uma outra que é agitada, rebelde e desafiadora. Filhos muito questionadores e insistentes são comumente vistos como perturbadores da ordem, criando tumulto e confusão, que acabam infernizando a vida de todos. Os pais sentem-se perdidos, sem saber como lidar com os filhos "difíceis", e tentam adotar métodos que deram certo com os outros, mas não conseguem os mesmos resultados.

Isso acontece porque um dos grandes desafios na educação dos filhos é construir condutas "sob medida" para o temperamento de cada criança: há as que se magoam profundamente quando são repreendidas e precisam entender o porquê dos limites que são colocados; outras precisam de uma abordagem muito enérgica e incisiva para que possam aprender a controlar sua impulsividade e compreender que nem sempre é possível fazer tudo o que a gente quer na hora em que dá vontade. Você tem dois meninos agitados, cheios de energia: como aproveitar melhor essa disposição, a curiosidade, a multiplicidade de interesses?

Cansada, estressada e sem contar com um apoio mais eficaz do seu marido, você está percebendo que educar filhos é uma tarefa difícil, mas pode ser também fascinante. É importante procurar a orientação de um profissional, criando um espaço para que vocês possam debater essa questão de forma produtiva.

Esperamos que você e seu marido tenham muita disposição para conversar, descobrir caminhos, aprender com os erros. Diferenças de pontos de vista entre mãe e pai sempre existirão, mas é importante descobrir o que há de comum e fazer as combinações necessárias. Desse modo, no dia-a-dia da família, será possível colocar em prática os valores fundamentais do convívio: respeito, consideração pelo outro e cooperação. E, além disso, criar tempo e espaço para aquela curtição de casal que é tão necessária para recarregar as baterias!

35
Calmaria

Minha vida mudou muito depois que passamos a morar numa cidade pequena sem os filhos. Estamos numa casa gostosa, com vista para as montanhas, um bom terreno com gramado e árvores frutíferas. Longe da agitação da cidade grande, da vida de apartamento, do trânsito, da correria dos horários. Vivo em outra dimensão do tempo, sem pressa. Vejo plantas crescendo, flores desabrochando, frutas amadurecendo nas árvores. Prazeres que não tinha antes.

Acho que é isso que está marcando minha vida na idade madura: descobrir novos prazeres. Sentir alegria, felicidade até, apreciando coisas simples, o sabor da salada com alface e tomate da horta, o chá quente descendo até o estômago no fim da tarde, a textura do creme de ervilhas que fiz para o jantar. Chego a ficar inebriada com cores e aromas, quando estou na cozinha preparando comidinhas com especiarias, me deliciando com o cheiro do bolo que acabou de assar ou com o cheiro da grama depois da chuva de verão. Sinto o prazer da água morna deslizando pelo meu corpo na hora do banho. Nunca tinha tido tempo para me concentrar nesses detalhes e descobrir esses pequenos prazeres. A vida ficou mais colorida.

Não sei se é por causa da idade, mas a calmaria também aconteceu na nossa vida sexual. É uma delícia ficar com ele no sofá, vendo televisão, com uma manta cobrindo as pernas e abraçando duas almofadas bem fofas. Aí o sono chega e a gente vai dormir. Para ser sincera, sinto preguiça de fazer sexo. Quando ele insiste, acabo cedendo e até gosto, mas se dependesse de mim passaríamos a viver como irmãos.

Também não imaginava que é tão bom morar sem os filhos. Sempre fui muito apegada a eles, providenciando tudo de que precisavam, sem tempo para cuidar de mim. Agora não preciso acordar com despertador, posso me espreguiçar na cama e degustar o café-da-manhã, ler o jornal sem pressa. Não foi *fácil a decisão de deixar os filhos no apartamento e sair da cidade grande. Apesar de eles já serem adultos, não acreditava que pudessem tomar conta de uma casa. Acabaram aprendendo, claro, agora já sabem até cozinhar, coisa inacreditável para quem não sabia nem fazer um ovo mexido.*

Adoro sentar na varanda ao entardecer, ouvindo minhas músicas preferidas e apreciando as cores do céu. São momentos em que fico pensando na vida, viajando pelo passado, lembrando de coisas que vivi, fiz ou deixei de fazer. Nem sempre são recordações felizes, também me lembro de períodos difíceis, perdas sofridas, sonhos engavetados. Mas não chego a ficar angustiada nem deprimida, estou satisfeita com a minha vida e gostaria de continuar nessa calmaria, o tempo passando devagar...

Ficamos
imaginando como o seu relato despertaria aquela mistura de inveja e admiração em muitas mulheres... A grande maioria se queixando da sobrecarga e da absoluta falta de tempo para cuidar o mínimo de si mesma, e você curtindo o luxo da calmaria! Com a agitação da vida moderna, o tempo se tornou um patrimônio precioso. O corre-corre da vida cotidiana não nos permite saborear os prazeres de coisas simples nem dos relacionamentos. Mesmo após a aposentadoria, quando, a princípio, temos mais tempo para curtir a vida.

Com a decisão de sair da cidade grande, você abriu novos horizontes e se surpreendeu ao ver que seus filhos assumiram integralmente as tarefas da vida adulta. Muitas mulheres não conseguem acreditar que podem se aposentar também como mães!

Reparamos no brilho do seu olhar quando nos descreveu em detalhes a descoberta dos novos prazeres, uma verdadeira orgia dos sentidos. Ficamos imaginando você na cozinha, no jardim e, principalmente, tomando aquele banho sem pressa, curtindo calmamente as sensações. Curiosamente, na literatura popular, a expressão "sentir prazer" está quase sempre associada ao prazer sexual, quando na verdade prazer significa muitas outras coisas, como alegria, satisfação, deleite, distração, divertimento. Isso pode ser despertado de várias formas não diretamente ligadas ao sexo. O prazer sexual faz parte de um universo maior, que é o prazer sensorial. Tomar um bom vinho, mergulhar na música, contemplar uma bela paisagem, sentir a maciez de um cobertor de lã... Tudo isso pode despertar o prazer sensorial. Imagine as revistas femininas com matérias sobre como potencializar o prazer de sentir o aroma das flores no campo em vez de como descobrir mil e uma maneiras de enlouquecer o seu homem na cama!

Até mesmo os problemas sexuais que muitos casais enfrentam na cama têm como raiz a dificuldade de encontrar ou redescobrir esse prazer: toques, carícias, massagens com óleos aromáticos, a criação de um ambiente aconchegante e outras maneiras de estimular os sentidos podem fazer parte do tratamento. Essa "técnica" ajuda os casais a desenvolver ou recuperar a sensualidade e o erotismo do relacionamento pela exploração de outras formas de prazer que envolvem a visão, a audição, o paladar, o tato.

Para você e para muitas outras pessoas, o prazer sexual não está em primeiro plano. Isso independe da idade ou do tempo de convivência. Para esses casais, a amizade e a cumplicidade são os ingredientes básicos do relacionamento amoroso. Eles sabem que o companheirismo, uma boa conversa, projetos compartilhados, interesses comuns e a capacidade de se divertirem juntos são fontes inesgotáveis de prazer, capazes de manter o convívio em níveis altamente satisfatórios para ambos durante muitos e muitos anos.

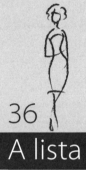

36
A lista

Nunca tinha feito uma lista de todos os homens da minha vida de "sexygenária" namoradeira. Tive essa idéia num fim de semana em que viajei sozinha e me hospedei num chalé nas montanhas. Um frio danado, ninguém interessante para jogar conversa fora, nada de empolgante na televisão, pedi papel, caneta e uma garrafa de vinho tinto para o rapaz da recepção, fui para o quarto e me aninhei na poltrona, enrolada no cobertor. Comecei pelo primeiro namorado, quando eu tinha 14 anos. Mas com ele não passei dos amassos num sofá discreto. Depois desse, mais quatro namoricos rápidos, também só na base da esfregação no escurinho do cinema. Fiquei na dúvida se esses namorados entrariam na lista ou se eu deveria dividir os homens em duas categorias, com e sem transa.

Resolvi fazer uma lista só, colocando um asterisco naqueles com quem transei para acentuar a importância. Injusto, porque algumas transas nem foram grande coisa; outras se limitaram a uma única vez, resgatadas agora com um certo esforço de memória. E, por outro lado, destaque para o primeiro namorado, que, sem conhecê-lo no sentido bíblico, foi quem me iniciou no prazer de descobrir que eu podia gozar loucamente até com umas boas lambidas na orelha, mesmo sem nunca ter transado.

Ri muito sozinha naquele chalé. Lembrei-me de um cara que dizia sentir tanto tesão por mim que não conseguia se segurar. Nunca tive coragem de lhe dizer que aquilo era ejaculação precoce. Nem reclamava, porque ele era tão bom nas preliminares e me fazia gozar tanto, mas tanto, que, quando ele entrava e um minuto depois tchau, eu já estava bem contentinha.

Também me lembrei de outro que era incansável, eu, com todo o meu fogo, nem sempre dava conta do recado, porque era transa de manhã, de tarde, de noite, fins de semana de sexo criativo, nem sei como a gente conseguia se encaixar em to-

das aquelas posições, no fim do dia ficava tão exausta que às vezes adormecia no meio de uma trepada.

Chorei me lembrando do homem mais importante da minha vida e de um outro com quem terminei e, seis meses depois, descobri que tinha falecido ao ler o nome dele no obituário. Fiquei muito impressionada, foi o primeiro ex-namorado que morreu.

Lá pelas onze da noite, estava morrendo de sono. Já tinha chegado ao vigésimo segundo, mas ainda faltavam muitos. No domingo, empolgada com a lista, nem fiz a caminhada matinal. Tomei um magnífico café-da-manhã, voltei para o chalé, abri as cortinas para o verde e continuei a viagem ao passado.

Não sei se me esqueci de algum, mas, entre os com e os sem asterisco, contei cinqüenta e três!

Uau, que vida movimentada! Achamos curiosa essa classificação de "com ou sem asterisco". Principalmente porque você descreveu "os amassos" como altamente prazerosos, mesmo sem o "asterisco". Sabia que a relação sexual não se restringe à penetração? A sexualidade também pode ser expressa por pensamentos, fantasias, desejos, atitudes, comportamentos e práticas, nas diversas formas de relacionamento.

Você explorou em detalhes o seu próprio mapa do prazer, conseguindo gozar de maneiras pouco convencionais. Seu depoimento convida a reflexões interessantes: por que vivemos nessa busca desenfreada pelo orgasmo, que é para alguns uma verdadeira obsessão? Por que tantas mulheres se sentem frustradas sexualmente por nunca ter experimentado o orgasmo vaginal e só conseguem gozar quando estimuladas no clitóris, inclusive durante a penetração? Qual a razão para a valorização extrema da ereção masculina?

A julgar pela enorme freqüência com que o tema é abordado nas revistas femininas, parece que ter ou não orgasmo na relação sexual passou a ser a grande preocupação das mulheres modernas, e como proporcioná-lo, a maior preocupação dos homens. Se a mulher não consegue gozar com a penetração, ambos ficam frustrados: ela por se achar fria e incapaz; ele por achar que não consegue dar prazer à sua parceira ou, ainda, que o problema é dela. A cultura em que vivemos supervaloriza a penetração na relação sexual, sendo o orgasmo e a ejaculação masculina o auge do prazer. É o que se chama de cultura da genitalização do sexo. Quando os dois não estão no mesmo ritmo é que surge o problema.

Você, no decorrer das diferentes experiências com seus parceiros, descobriu que não existe uma regra geral que possa valer para todo mundo: na mulher, o orgasmo não tem idade, quantidade (um ou vários) nem localização (no clitóris nem tampouco na vagina). O orgasmo é uma sensação originada pela mente de cada mulher, jovem ou madura, influenciada pela sua liberdade de tocar-se e ser tocada, pela capacidade de se entregar ao momento e ao seu parceiro ou parceira. O corpo todo — da cabeça aos pés — possui um enorme potencial orgásmico, é um verdadeiro mapa erótico, onde a cada momento descobrimos novos pontos e redescobrimos outros, independentemente da parceria.

Uma pergunta, que talvez incomode: com sua lista de dúzias de parceiros, você aprendeu muito sobre os requisitos da sensualidade e do prazer. Mas e sobre o amor?

37
Longe de casa

Lá se foi o tempo em que a mulher e os filhos acompanhavam o homem transferido para trabalhar em outra cidade. Agora, o orçamento familiar depende do ganho dos dois, ninguém pode se dar ao luxo de arriscar ficar sem trabalho e sem lugar no mercado quando quiser retornar. Foi o que aconteceu quando as crianças eram pequenas e ele passou quatro anos na ponte aérea dos fins de semana. Foi duro ficar sozinha com a casa, os filhos e o meu trabalho. No fim de semana, ele queria descansar e curtir a nossa companhia e me ajudava pouco na administração dos assuntos domésticos.

Naquela época, eu nem sonhava que um dia a situação se inverteria. Mas, no ano passado, recebi uma oferta tentadora de ser a gerente de uma nova filial da empresa, a três horas de vôo. Era inviável ir para casa nos fins de semana, só mesmo em feriados prolongados. Fiquei num dilema danado, torturada pela culpa de abandonar meus filhos, embora já fossem quase adultos.

Minha mãe e minha sogra se aliaram para fazer campanha contra, alertando-me para o perigo de perder o marido. Algumas amigas aderiram à campanha porque acham que não dá para confiar nos homens. Mas eu não queria passar o resto da vida sem perspectiva de promoção, fazendo o mesmo trabalho de sempre. A proposta me atraiu pelo salário e pelo desafio de crescimento.

Chegamos à conclusão de que seria melhor eu aceitar a proposta. Poderia ir para casa nos feriados e meu marido me veria pelo menos uma vez por mês. Nossa empregada já está acostumada a cuidar da casa, os filhos ficam fora o dia todo, o esquema funcionaria perfeitamente bem sem a minha presença. Telefone e computador viabilizam a comunicação diária, a gente pode ser uma família unida, com muito amor, mesmo a distância.

Eu estava tão animada com o desafio do trabalho que não dimensionei a saudade. Foi muito duro nos primeiros *meses, chegava a doer fisicamente, e não havia telefone nem conversa com imagem pelo computador que aliviasse a falta de beijos e abraços, o olho no olho, o cheiro, a pele. Mal eu chegava, já estava na hora de voltar; nas primeiras vezes achava até pior ficar só três ou quatro dias e, pronto, acabou, hora de ir para o aeroporto. Saudade, muita saudade. Tive vontade de desistir, nunca tinha morado sozinha, a solidão caiu mal. Nem gostava de falar com minha mãe ao telefone, porque sentia a censura por eu ter decidido trabalhar longe de casa.*

Meu marido e meus filhos me deram a maior força para não desistir. O casamento ficou até mais interessante com a quebra da rotina do dia-a-dia; quando nos vemos, parecemos um casal de namorados. Apesar das opiniões contrárias, acho que dá para confiar nos homens, pelo menos no meu marido eu confio, e ele também sabe que não me interessei por outro só porque deixamos de estar juntos todos os dias.

Ao contrário do que pensam os mais conservadores, você descobriu que é possível construir caminhos satisfatórios de relacionamento fora dos padrões convencionais. Mas, para isso, foi preciso uma boa dose de coragem e ousadia, além de uma base amorosa sólida, companheirismo e solidariedade para suportar a quebra das convenções e "sair fora da caixa".

Seu depoimento faz pensar: vivemos séculos de patriarcado e apenas algumas décadas de movimento feminista e de luta pela igualdade. Ainda há muito que caminhar para uma efetiva parceria entre homens e mulheres em novos moldes; por enquanto, coexistem visões tradicionais da divisão de papéis e visões mais progressistas de complementação de responsabilidades de homens e mulheres no casamento e na família. Pudemos perceber essas duas tendências no seu círculo familiar: sua mãe e sua sogra assumindo a posição conservadora ("o lugar da mulher é ao lado do marido"); seu marido e seus filhos apostando em novas possibilidades, dispostos a fazer as mudanças necessárias para construir outro tipo de convívio sem sua presença diária em casa. Um bom trabalho da "equipe familiar" para enfrentar o desafio da mudança e também a dor da saudade...

Mas nem sempre as grandes mudanças terminam em final feliz. Não é fácil sair dos padrões convencionais sem o apoio das pessoas diretamente envolvidas. A grande transformação do papel da mulher na sociedade, que começou no século passado, repercutiu em todos os que estão à sua volta. Isso desperta medo e ameaça: em muitos casos, o crescimento profissional da mulher assusta não só o homem como também a ela própria, em virtude da mudança do equilíbrio do poder. Ter dinheiro é ter poder e liberdade de escolha. Há mulheres que sentem medo de crescer demais, ficando em defasagem com relação a seu companheiro e com menos disponibilidade para os filhos, que reclamam porque querem ter a mãe em casa, esperando por eles e cuidando da comida, mesmo quando já estão crescidos. Felizmente, no seu caso, você contou com uma boa parceria do marido e dos filhos.

Ao aceitar a proposta de trabalhar como gerente, você passou a fazer parte de uma minoria. Sabia que, no Brasil, segundo o IBGE (2003), o porcentual de mulheres em cargos de chefia é de apenas 3,7%? Mas isso está mudando. Como aconteceu com você, a mobilidade de empregos, o desejo de realização profissional e a melhoria do orçamento familiar são fatores que entram em jogo quando surge a necessidade de estabelecer novas modalidades de convívio familiar.

Seu depoimento também nos estimulou a pensar na encruzilhada das grandes mudanças que escolhemos fazer em momentos especiais da vida: romper com padrões estabelecidos pode resultar em desastre para o relacionamento e abrir a perspectiva da separação ou da infidelidade. Mas, por outro lado, também pode revitalizar um casamento de longa duração, em que a rotina do dia-a-dia tenha eventualmente desbotado a magia do romance. Ao criar coragem para fazer essa grande mudança, você e seu marido descobriram que é possível ter vários casamentos dentro do mesmo: um amor sólido não se engessa em uma única maneira de viver, comporta a flexibilidade para mudar o estilo de convívio sem perder a força e a intensidade.

38
Senhora ou mulher?

Uma amiga me mostrou num livro de psicologia uma das mais conhecidas figuras ambíguas: a gente pode ver uma moça ou uma velha. Aquela figura não me saiu da cabeça, cheguei a sonhar com ela. Moça ou velha, depende de como nosso olhar organiza os traços do desenho. Peguei o livro várias vezes, impressionada com a alternância do meu olhar, ora via a moça, ora a velha.

Dias depois, passando batom, entendi minha estranha fascinação com aquela figura: estava vivendo isso comigo mesma. Há momentos em que me olho no espelho e vejo uma mulher madura, o corpo arredondado, quadris largos, barriga, seios fartos, queixo duplo, rugas em volta dos olhos e da boca, mas, mesmo assim, conservando traços de beleza. Mas há momentos em que o espelho me mostra uma senhora, o corpo de matrona, o rosto enrugado, o pescoço marcado, a "pelanca do adeus" nos braços, a flacidez das coxas, as gorduras sobrando, nada atraente.

Há muito tempo estou sozinha, então fico com a impressão de que não sou mais desejável. Quando tenho algum programa social, escolho um vestido decotado, brincos de argola, sapatos de salto alto e solto os cabelos, que ainda são fartos. Pareço uma velha cigana. Minha filha diz que sou bonita, mas isso é olhar de filha que gosta da mãe. Os outros simplesmente dizem que estou bem. Há velhas ciganas que conservam o poder de sedução, mas eu não me sinto assim. Quando era mais nova, tive muitos amores, depois as oportunidades foram diminuindo e também passei a sair menos. Hoje em dia, encontro alguns homens interessantes, mas nenhum deles se interessa por mim.

Penso que isso acontece porque já estou velha demais para despertar paixões ou, pelo menos, um interesse romântico. Mas, por outro lado, vejo minha filha e várias amigas na faixa dos trinta e poucos anos que também estão sozinhas, com a maior dificuldade de encontrar homens que realmente valham a pena; não querem ficar com qualquer um, no que fazem muito bem. E conheço mulheres mais velhas que ainda estão competentes *para arranjar namorado. Fico confusa com isso, sem saber se esse sonho de ter um companheiro ainda está ao meu alcance.*

Velha ou moça? Senhora assexuada ou mulher madura sensual? Gostaria de ser uma dançarina de dança do ventre: mesmo com mais idade, com barriga e muitos quilos a mais, elas vestem aquelas roupas, mexem os quadris, os braços, as mãos, totalmente entregues à dança, mulheres sensuais, provocantes, que enlouquecem os homens.

Dança do ventre... Por que não? Com uma academia de dança tão perto da minha casa!

Em que
arquivo secreto você guardou sua sensualidade? Se estiver disposta a reativar seu poder de sedução, saiba que isso é possível: a atração não depende apenas do corpo ideal, jovem e magro, tão exaustivamente explorado pela mídia. Como você mesma observou, há mulheres de todas as idades que estão com dificuldades de encontrar um companheiro e outras que nunca param de namorar.

É verdade que há um grande número de mulheres sozinhas, principalmente depois dos 50, a tal ponto que os demógrafos criaram o termo "pirâmide da solidão". Isso se deve não só às diferenças de expectativa de vida (no Brasil, as mulheres vivem, em média, 75 anos e os homens, 67 — IBGE 2003), mas também às razões que motivam os homens a buscar parceiras mais jovens: os preconceitos sociais, a necessidade de sentirem que ainda têm o poder da conquista, o desejo de rejuvenescer e a falta de conhecimento sobre os prazeres sexuais na idade madura.

E as mulheres? À medida que vão alcançando a independência financeira e a realização pessoal, tornam-se mais seletivas em suas escolhas de amigos e de amores. Na idade madura, muitas sentem dificuldades crescentes de começar um relacionamento amoroso. Algumas continuam acalentando o sonho de encontrar um companheiro para compartilhar o cotidiano e não desistem da procura, mesmo quando acham mais difícil encontrar um homem disponível do que uma agulha no palheiro...

E com você, o que está acontecendo? Você procura atrair os homens que a atraem? Por que está saindo tão pouco? Sabia que os principais fatores de risco para a depressão na idade madura são o isolamento, a diminuição dos interesses e do entusiasmo pela vida, a falta de novos projetos? Que tal levar a sério essa idéia de ter aulas de dança do ventre? Pode ser o início de um caminho de grandes descobertas!

Conhecemos mulheres que, na faixa dos 60, resolveram investir no desenvolvimento da sensualidade. Com filhos criados e netos, casadas, separadas ou viúvas, quiseram adquirir novos conhecimentos e fizeram cursos de *striptease*, massagem erótica e dança do ventre. Elas dizem que o mais difícil foi enfrentar as críticas e os comentários irônicos de filhos e noras...

Outras desistem dos sonhos românticos e encontram maneiras de viver bem e de se divertir sem homens. Há até mesmo as que conseguem se descobrir como boas companheiras de si mesmas, gostam de ficar em casa, viajar ou ir ao cinema sozinhas. Estar sem companheiro não é sinônimo de vida vazia nem significa estar condenada à depressão solitária. O que importa é encarar a vida como um presente valioso que nos dá oportunidades de desenvolvimento pessoal em qualquer idade.

Vá em frente com a dança do ventre e com o que mais despertar sua sensualidade adormecida. Nunca é tarde para recomeçar e encontrar um novo amor! Que pode ser um novo amor por você mesma, curtindo a vida com alegria e plenitude.

39
Ciúme

Não sei até quando vou ter paciência com o ciúme dele. Ele me quer à disposição o tempo inteiro! Trabalha horrores, não pode recusar as oportunidades. Tudo bem. Precisamos ganhar dinheiro, eu também trabalho muito, mas dar três plantões por semana é demais. Fico muito sozinha em casa, ainda bem que tenho meu cãozinho que me faz companhia. Ou então saio com as amigas e aí começa o problema. Por que fica tão enciumado? Fica emburrado, me controla pelo celular, reclama que saio com amigas solteiras e separadas, diz que não são boas companhias para uma mulher casada. Se chego mais tarde, é o fim do mundo. Isso são horas de voltar para casa?

    Ele não admite que é ciumento, diz que é zelo, preocupação comigo. Não me convence, acho que é controle mesmo, essa de ficar ligando do plantão. Na semana passada, armou o maior rolo, porque eu estava num barzinho com duas amigas, um monte de gente falando alto, nem ouvi o celular tocando dentro da bolsa. Pronto, o homem ficou louco. Deixou uma dúzia de recados na caixa postal. Quando finalmente percebi, fui ao banheiro e liguei, disse onde estava, ele custou a acreditar, porque não estava ouvindo aquele barulho todo que eu disse que tinha.

    Ele é assim, desconfiado, porque já foi muito galinha, jura que sossegou quando me conheceu. Também sou ciumenta, mas não tanto quanto ele. Confio com um pé atrás, não vou ficar de bobeira, mas não me incomodo quando ele sai para tomar um chope com os amigos e nunca reclamei do futebol das terças-feiras, quando a gente estava namorando e ele não trabalhava tanto como agora.

    Cheguei a ficar paranóica, lembro-me de um dia em que combinamos um encontro na praia e ele chegou antes de mim. Eu já tinha brigado comigo quando me vi de biquíni no espelho, três quilos a mais. Fui para a praia insegura, vi quinhentas mulheres bonitas e tive um ataque de ciúme, *daquela vez quem criou tromba fui eu, fiquei num mau humor do cão, quase brigamos.*

Nem posso reclamar do ciúme dele, também faço umas ceninhas, tenho mais é que segurar a onda e não ser tão intolerante, a gente se gosta, rola um tesão gostoso, se reclamo que ele trabalha demais é porque sinto falta da companhia dele. Tenho mais é que pegar leve nessa história toda...

Dizem que o ciúme é o tempero do amor, mas tempero demais acaba estragando a comida, concorda? Como não há pessoas completamente seguras e autoconfiantes, podemos afirmar que certo grau de ciúme faz parte do relacionamento amoroso.

Você não nos relatou episódios de paquera explícita ou mesmo de infidelidade que tenham quebrado a relação de confiança, o que muitas vezes é difícil recuperar. O ciúme que você e seu marido sentem um do outro se alimenta do medo da perda. Será que vocês não acreditam na força desse amor? Temem que terceiros possam rapidamente se instalar entre vocês, acabando com o casamento? Nesse nível, a ameaça de perda é uma perturbação sempre presente, e as "provas de amor" nunca são suficientes para diminuir a desconfiança.

Evidentemente, há casos em que a pessoa sente prazer em provocar ciúme para se valorizar e mostrar que pode ser capaz de despertar o desejo de outras pessoas. Nessa situação, os dois lados acabam sofrendo com muitas brigas, tentativas de controle, cenas de ciúme explícito em locais públicos. Não nos parece que seja isso que está acontecendo com vocês.

De fato, a fronteira entre ciúme, zelo, controle e possessividade nem sempre é muito nítida. O que você percebe como controle, por exemplo, para ele é um cuidado carinhoso. Sem renunciar ao prazer de estar com as amigas, o que você pode fazer para que ele se sinta menos ameaçado de perdê-la? O que vocês podem fazer para expandir os momentos gostosos a dois a fim de que tenham mais certeza de que vale a pena continuar juntos?

Tivemos a oportunidade de acompanhar casos de ciúme patológico em que não há provocação real, mas sim fantasias delirantes de estar sendo vítima de traição e abandono. Em situações mais graves, isso pode resultar em crimes passionais: quem está doente não admite que a pessoa considerada como "sua" possa estar com outra, mesmo muito depois de terminado o relacionamento.

Felizmente, não nos parece que você esteja correndo esse risco, mas é sempre bom lembrar que existem casos assim. Achamos muito boa sua decisão de "segurar a onda" e pegar leve nessa história do ciúme: a carga de controle, cobranças e reclamações constantes é pesada e acaba corroendo o prazer de estar juntos.

40
Carência

Detesto quando me ligam no dia do meu aniversário para me dar os parabéns; não quero ficar me lembrando de que estou velha. Nem gosto de dizer a idade da minha filha, porque aí as pessoas fazem as contas e descobrem a minha. Felizmente, aparento ser bem mais nova, embora nunca tenha feito plástica. Uso um creme hidratante baratinho que compro na farmácia, bebo muita água, tenho uma alimentação saudável, nunca fumei nem abuso do álcool, faço ginástica três vezes por semana e assim consigo manter a boa forma.

Apesar desses cuidados, não encontro homens que se interessem por mim. Desde que fiquei viúva, há seis anos, só tive um relacionamento que durou um ano e pouco e não foi nenhuma maravilha. Acho que sou ruim de cama, nunca consegui sentir prazer com meu marido. Namorei pouco antes de me casar, tive uma educação rígida, fiquei muito reprimida. Ele também não tinha muita experiência, só com prostitutas, quando era solteiro, de modo que ficamos muito inibidos um com o outro. Apesar das limitações do sexo, tivemos um bom casamento. Ele era um homem muito correto, podíamos contar um com o outro para o que desse e viesse.

Ele era doze anos mais velho do que eu. Ficou muito perturbado quando começou a perder a potência, mas não tivemos a liberdade de conversar sobre isso. Ele sempre foi de temperamento reservado e se fechou mais ainda. Quando eu o procurava, ele me afastava delicadamente. Sofri muito com isso, mas não sabia como dizer a ele que não me importava com a falta de relações completas, que beijos, abraços e aconchego já estava bom. A gente parou completamente de ter vida sexual e tudo esfriou, até o carinho.

Quando ele morreu, já estava me sentindo carente. Passei a dormir em diagonal na cama de casal, abraçando um travesseiro. Um dia, minha neta deixou um urso de pelúcia lá em casa e dormi abraçada com ele. Hoje tenho três ursos na cama que me fazem companhia.

O único homem que namorei depois do meu marido foi um amigo do sogro da minha filha. Saímos alguns meses, ele insistiu bastante para que eu fosse ao apartamento dele, mas custei a ceder. Não conseguia me imaginar tirando a roupa na frente de outro homem, estava me sentindo virgem de novo. Ele foi muito paciente e acabou acontecendo. Foi bem melhor do que com meu marido, até me surpreendi por ter aceito fazer certas coisas na cama que nunca tinha me atrevido a fazer antes. Cheguei a sentir prazer, mas nunca me soltei completamente. Acho que sou ruim de cama mesmo.

Foi ele quem desistiu de continuar se relacionando comigo. Depois não apareceu nenhum outro. Bem que eu gostaria, mas com a minha idade as chances são pequenas. De modo que o jeito é continuar dormindo agarrada com meus ursos de pelúcia...

Idade

madura: vergonha ou privilégio? Você gostava de comemorar seu aniversário quando era jovem? E agora, a marca do envelhecimento está estragando a alegria de comemorar a vida?

"Estou velha", "sou ruim de cama": cuidado com os carimbos negativos! Eles arrasam nossa auto-estima e limitam nossas possibilidades. Será mesmo que nenhum homem se interessa por você ou esses carimbos desfavoráveis nem a deixam perceber quando alguém se aproxima?

É bom que você saiba que a sexualidade é um aprendizado contínuo, e isso independe da idade. Alguns casais enfrentam situações delicadas quando o homem começa a ter problemas com a ereção ou quando a mulher sente dor na relação sexual. O homem maduro pode ter mais dificuldade para alcançar uma ereção imediata e mantê-la firme durante toda a relação. Por outro lado, tende a ter um maior controle sobre a ejaculação, o que pode prolongar o ato sexual. A mulher, por sua vez, pode estar com a vagina mais seca e sentir dor durante a penetração, o que às vezes diminui a vontade de fazer sexo. Nessa situação, é fundamental que o casal tenha a liberdade de conversar abertamente sobre o assunto para buscar a melhor forma de resolver o problema.

Há vários fatores que podem exercer influências negativas sobre a sexualidade na idade madura: histórias de educação rígida; a percepção de que o sexo é sujo e pecaminoso; a crença de que a pessoa idosa não transa, que já passou da idade para isso; o constrangimento de falar sobre o assunto, inclusive com o parceiro ou a parceira, misturado ao sentimento de culpa e vergonha; ter a saúde comprometida por doenças ou pelo uso de medicamentos. Você e seu marido enfrentaram muitas dificuldades com o sexo, mas conseguiram ser bons companheiros.

Você pode até decidir dormir para sempre com seus ursos de pelúcia, mas, se resolver mudar de idéia e renovar a esperança de encontrar um bom parceiro, ainda está em tempo! Diversos estudos mostram como as pessoas na maturidade são capazes de ter relações sexuais e sentir prazer.

Aí vão algumas dicas práticas para manter a sexualidade em alta na maturidade:

- Conversar com o parceiro sobre sexo — leve a discussão para a cama!
- Falar sobre o assunto pode "esquentar ou gerar o clima", além de despertar o interesse.
- Paciência... O período de excitação e o intervalo de tempo entre uma ereção e outra podem ser mais prolongados. Nesse caso, a experiência adquirida pode ajudar.

- Algumas mulheres sentem dor ou sangram com a penetração. Seu ginecologista pode orientá-la e indicar-lhe um bom tratamento para isso.
- Os medicamentos que facilitam a ereção e a terapia de reposição hormonal também podem ser prescritos.

Cuide bem de si mesma, da aparência, da mente e da vida social. Mesmo que agora esteja sem namorado, não perca a esperança de encontrar alguém interessante e interessado. Sobretudo, multiplique as amizades e goste muito de sua companhia!

41
Fora dos padrões

Não quero me casar e não sinto a menor vontade de ter filhos. Não consigo ficar muito tempo com um homem só, detesto rotina, gosto de variar; monogamia é coisa que não espero nem ofereço. Adivinha quem me entende? Ninguém. Também, pudera, não sou nem um pouco convencional.

Já me acostumei com pressões e ameaças. Antes chegava a ser grosseira, berrava: "Detesto que se metam na minha vida!", batia a porta do quarto ou saía de casa. Agora, aos comentários do tipo "Mas você já passou dos 35, não quer mesmo casar nem ter filhos?", respondo com um sorrisinho irônico: "É, né?" Gente da família, amigos bem casados e até mesmo os malcasados, os que adoram os filhos e os que acham um inferno ter de aturar criancinhas tirânicas, todos, todos insistem em me enquadrar nos moldes tradicionais. Aí chegam as ameaças: "Quando você ficar velha, quem vai cuidar de você?" Ai, gente, desde quando marido e filhos garantem companhia? Tantos velhos abandonados nos asilos, cheios de filhos e netos que não dão a mínima! Quantos homens largam as mulheres envelhecidas e refazem a vida com outra novinha em folha? Esse investimento é a maior roubada!

"Você não se incomoda de ficar sozinha?" Já cansei de responder que sou ótima companhia para mim mesma, adoro viajar e conhecer gente nova, curtir a liberdade de fazer o que bem entendo, no meu ritmo. Gosto do recolhimento para ler, ouvir música, ficar à toa, inventar o que quero comer. Quando estou a fim de gente, saio com os amigos ou vejo o namorado da vez. Só não gosto de grude, de gente no meu pé, enchendo o saco com solicitações, cobranças e expectativas.

"Você é independente demais!", dizia minha mãe em tom de censura, frustrada no sonho de ter companhia constante, já que meus dois irmãos viviam fora de casa. A velha lenda de que filha mulher faz companhia e filho homem vai fazer a própria vida. Cansei de ser comparada com a minha prima *mais velha: quarentona, mora com os pais até hoje, quase não sai de casa. A filha ideal: fica cuidando dos pais, sem vida própria.*

Para mim, o que vale é o momento. Sei que sou pouco previdente, gasto tudo o que ganho, não tenho reserva de dinheiro nem vou herdar um grande patrimônio. E daí? Sei lá se vou viver muito ou pouco, vida para mim é curtição, quero liberdade, a melhor coisa do mundo, não suporto gente no meu pé. "Inconstante", "imprevisível", "volúvel", só ouço críticas da minha mãe. Mas não sou eu que, mal ou bem, pago as minhas contas? Não moro sozinha, não cuido da casa? Então que me deixem viver essa vida de hoje sem me preocupar tanto com o dia de amanhã!

Ao olhar para você, ouvindo-a falar, percebemos uma grande coerência entre suas palavras e seu corpo: você é uma mulher ágil, movimenta-se com leveza, é inquieta, irreverente. Parece viver intensamente o presente, sem querer se prender ao passado nem pensar no futuro, até mesmo nas finanças. Ao renunciar à segurança (real ou ilusória), você sabe o risco que está correndo para garantir a grande liberdade de ir e vir. E também desenvolveu a paciência para encarar as pressões e as críticas dos "conservadores" com leveza e bom humor.

Os argumentos, as críticas e as ameaças que você tem ouvido nos fizeram pensar que, no decorrer da história, a sexualidade da mulher sofreu influências sociais, econômicas, religiosas e políticas. Tudo isso ajudou a construir os diversos padrões de comportamento feminino que conhecemos. Ainda hoje, mesmo diante do grande aumento da população mundial, muitas pessoas consideram a maternidade como a suprema realização da mulher. Pessoas mais conservadoras continuam pensando que o casamento, a obediência ao marido e a dedicação à família são as únicas opções para as mulheres dignas.

Mesmo as que vivem felizes sozinhas às vezes colocam em dúvida seu próprio sentimento de bem-estar, desconfiando de que há algo errado por não sentirem o legítimo desejo de casar e ter filhos. Mas existem diferentes maneiras satisfatórias de construir a vida. Nós também pensamos que nem todas as mulheres devem ter filhos apenas porque têm útero, trompas e ovários.

No seu círculo de amigos, há pessoas que pensam como você? A troca de idéias e experiências com quem vive fora dos padrões pode ser muito útil para consolidar estilos de vida com força suficiente para fazer frente às críticas incessantes. Em nossa experiência, observamos que as mulheres que não querem filhos alegam vários motivos: o mundo já está povoado demais; é complicado viver no clima de insegurança devido à violência e ao terrorismo; a instabilidade, a taxa de desemprego, a destruição progressiva do meio ambiente são fatores que tornam o mundo cada vez mais inabitável; o temor de assumir um compromisso de longo prazo para cuidar de um filho e acompanhar seu desenvolvimento; o medo de se amarrar, perdendo a liberdade de ir e vir.

Você já descobriu que nem sempre a grande esperança dos conservadores se concretiza: trilhar os caminhos convencionais — ter marido e filhos — não garante felicidade nem realização pessoal. Quantas pessoas, ainda nos dias de hoje, preferem manter a fachada de um bom relacionamento, quando não é bem isso que acontece entre as quatro paredes? É claro que um casamento duradouro passa por altos e baixos e o amor se fortalece com a compreensão, o companheirismo, a disposição de fazer as mudanças necessárias para manter a boa qualidade do convívio. Períodos difíceis fazem parte do caminho; mas, para manter um casamento bom de verdade, é preciso fazer um grande investimento amoroso.

Por outro lado, há um número crescente de mulheres como você: descobrem que podem ser felizes permanecendo solteiras, quando se separam ou depois que ficam viúvas. O convívio com essas pessoas mostra que é perfeitamente possível viver bem fora dos padrões tradicionais. Mas, como você sabe, não é fácil contrapor-se às pressões familiares e sociais para entrar nos padrões esperados. É preciso ter muita convicção interior, boa dose de autoconfiança e paciência para construir um caminho de vida que combine verdadeiramente com suas características pessoais. Esperamos que você encontre o melhor caminho para a sua felicidade!

42
Carta de despedida

Estou escrevendo para dizer que desisti de nós. Tentei ter acesso a você algumas vezes depois que retornei dos Lençóis Maranhenses. Pensei muito durante a viagem e mais ainda depois que voltei e não consegui me encontrar com você.

Foi bom ter visto de perto a realidade de agora e perceber a força de uma esperança ilusória de reviver um grande amor que nutri durante tanto tempo sem bases reais.

Você me disse que sente um tesão louco por mim e quer que eu me sinta homenageada como mulher. Mas de que adianta ser homenageada como fêmea e mal cuidada como pessoa? A essa altura, ser homenageada como pessoa, tratada com carinho, demonstrações de interesse e outros pequenos detalhes é muito mais valioso.

Pensei muito na construção da minha vida nessas duas décadas e vi que me gestei e me pari várias vezes: redescobri o piano, entrei numa escola de dança de salão, fiz um curso de mergulho, descobri que o paraíso fica em Ilha Grande, comprei o apartamento dos meus sonhos com o mar entrando pelos meus olhos, passei a nadar todos os dias, batismo diário, comecei a praticar meditação, descobri o turismo ecológico, as caminhadas e as cachoeiras, viajei para a China, África do Sul, Viena, Grécia, Cuba, Patagônia, Chapada Diamantina, Amazônia, andei de balão, escalei um vulcão no Chile, perdi o medo de avião pequeno, mudei os rumos do meu trabalho, passei a estudar novos temas, aprendi a escrever ficção, descobri que posso viver num apartamento enorme com uma empregada duas vezes por semana, redescobri o prazer de cozinhar, mantive as antigas amizades e fiz novos amigos.

Enfim, eu me casei com a beleza, com a alegria e com a vida. Para sempre.

Quando nos reencontramos, cheguei a pensar que poderíamos fazer parte desse meu casamento com a vida. Mas o mesmo padrão fugidio e errático que foi a marca frustrante dos reencontros anteriores se repetiu. Finalmente, com tristeza serena, vi que preciso colocar o grande amor no passado, abandonando esperanças do presente e perspectivas de futuro.

Agradeço à vida a oportunidade de ter sentido aquele amor intenso, apesar do sofrimento igualmente intenso que veio depois da nossa separação.

Foi a partir do nosso último reencontro que surgiu o desejo da despedida. Que você possa construir bons caminhos em sua vida.

Um beijo carinhoso...

Você nunca saberá se ele leu essa carta. Como era de esperar, não houve resposta. Porém, o mais importante foi o fato de ter escrito a carta para si mesma, lendo e relendo tantas vezes, marcando essa despedida no seu interior, reescrevendo a trajetória desse amor dolorido como um trecho marcante do seu caminho de amor pela vida.

Não podemos mudar o passado, mas, em qualquer época, podemos mudar nosso olhar sobre os acontecimentos, dando-lhes novos significados e transformando o que sentimos. Nas duas décadas que se passaram entre a separação e essa última tentativa de reencontro, você viajou por muitos países e para dentro de si mesma, descobrindo uma grande diversidade de paisagens e possibilidades. Isso mostra que a frustração e o sofrimento podem abrir novos horizontes em nossa viagem pelo desenvolvimento pessoal.

A força do desejo e o poder das fantasias românticas nos estimulam a criar personagens que colamos nas pessoas reais.

Será que esse homem algum dia foi tudo isso que você sonhou e imaginou? Até que ponto você amou mais o personagem do que a pessoa? Quais foram as pistas, os sinais de perigo, os comportamentos estranhos que esse homem revelou durante todo esse tempo, mas você não conseguiu perceber? Quando nos apaixonamos, criamos em nossa imaginação um ser ideal, sem defeitos. Muitas vezes nossos amigos nos alertam e até se preocupam quando negamos as dificuldades que estão evidentes para eles. Mas, comumente, não acreditamos no que dizem e insistimos em conservar nossa cegueira seletiva.

Finalmente, você conseguiu fazer uma revisão lúcida desse relacionamento e um balanço positivo de sua história pessoal. Desejamos para você exatamente o mesmo que você deseja para ele: que possa construir bons caminhos na vida. Com muito amor.

43
Mulher

Tempo de criar, espaço de viver, liberdade de amar

Mulher,
nas profundezas do seu ser
estão a transcendência,
o milagre,
a grande alquimia,
a própria noção do infinito.

É preciso que você
honre seu corpo,
com seus ritmos, ciclos e passagens
que vão deixando os registros
dos tempos vividos.

Que você, mulher,
busque sempre combinar
a fluidez do mar,
a placidez do lago,
a solidez da montanha,
o calor do sol,
o mistério e o fascínio da lua,
o movimento do vento,
o abrigo da terra,
num sublime casamento
entre forças e elementos.

Que você deixe crescer
asas e raízes,
para ter firmeza e consistência

e, ao mesmo tempo, a leveza
para fluir pela vida,
ligada com a terra e com o céu.

Mulher, acredite
que quase nada está sob controle;
o tempo flui, passa e faz passar.
Nas emoções, nos sentimentos,
nos fluidos humores
estão incrustados perpétuos movimentos,
as fases da lua,
o vaivém das marés,
a grandiosidade dos mares.

É preciso honrar
o mistério dos véus,
as profundezas das entranhas criadoras,
a ocultação por vezes revelada,
o caminho morno, macio e receptivo,
o recolhimento uterino,
berço de tantas gestações.

No desfazer de cada virgindade,
manter o encanto das descobertas,
as nuances do amor,
os prazeres recônditos,
nos encontros e nas trocas
de divinas substâncias.

Que você, mulher,
possa amar e se deixar amar,
respeitar e se fazer respeitar,

apreciando e sendo apreciada,
deixando expandir-se,
dentro e ao redor de si,
a chama amorosa.

Reconheça, mulher,
os múltiplos véus que a envolvem
em fogo, prazer, alegria, entrega.

É a sedução, a magia,
a viagem dos sentidos
no infinito espaço
em que as fronteiras se diluem
em fusão estelar,
nos encontros com o Amor
através de cada amado.

Que você confie, mulher,
no poder de gestar e combinar
elementos, idéias, gestos e ações
para que, ao unir,
crie algo novo,
como na fusão de duas células,
de onde surge um novo ser,
no mistério fecundante,
nas nuances do amor
que cria, protege,
nutre e compartilha.

Quantas coisas se aprendem
no recolhimento que busca

a sabedoria iluminada;
é a semente que germina
no ventre da terra
para brotar nutrida
pelo sangue-vida,
pelo leite morno
da mãe-terra fecunda.
Mãe de filhos, idéias,
projetos e objetos
de criação.

Gestar-se,
nascer de si mesma,
infinitas vezes,
em múltiplos seres
dentro do mesmo ser.

Que você encontre, mulher,
no mergulho interior,
a sabedoria que sugere caminhos
mesmo em tempos de dúvidas,
incertezas e encruzilhadas,
em que você se vê partida
entre escolhas e dores,
entre o impulso do desejo
e a consciência da ponderação.

Mulher, mantenha a esperança
mesmo quando bate o desespero;
conserve o alento
mesmo em horas de dor;

o obstáculo também é caminho,
e o importante é confiar
na capacidade de andar.

Cataclismo, reviravolta, reversão.
Mergulho em águas densas, turvas,
no desmoronamento do mundo
até então construído.
Desilusões, traições, decepções,
gerando mudanças e revisões.

Deixar morrer para renascer,
encontrar sentido
em sofrimentos sem sentido.
Que você possa, mulher,
também pela dor
criar algo novo,
a partir das rupturas,
das perdas,
de passagens e travessias.

Quando parece que nada sobrou,
alguma coisa renasce;
quando parece que a força acabou,
uma nova força aparece.
No mergulho fundo na dor,
algo se cria.
Não precisa ser amargura,
nem rancor,
nem mágoas eternas.

É bom deixar passar,
atravessar dores e lutas,
demolir e reconstruir.
Sofrimento eterno
não é destino de ninguém.

Dia e noite,
noite e dia,
a lua e o sol,
o escuro e o claro,
os ciclos e as estações,
a roda-viva da vida.
Na angústia e nas inquietações,
as perguntas:
O que sou?
O que quero?
O que me espera?
O que espero?

Decidir, pesar
equilibrando
pensamento e sentimento.
Nem sempre as convenções
vão guiar as decisões.
Nem sempre seguir em frente
é a melhor estratégia.
Às vezes, é melhor mudar de rumo,
renunciar ou recuar
para tomar nova posição.
Seguir caminhos criativos,
romper para voar,

sair das amarras da culpa,
do excesso de deveres sem prazeres,
das tarefas sem descanso.

Saber esperar, aguardar,
domar a pressa e os impulsos,
suportar privações e provações.
E ter fé.
Mesmo de cabeça para baixo,
na beira do abismo,
há saídas.

Mulher, cada qualidade
pode expandir-se
na harmonia e na distorção.
O poder
não precisa se vestir de tirania;
a raiva
não precisa se pintar de violência.
Não maltrate,
não se deixe maltratar.
Nem por você mesma.

É a garra de luta,
que ataca quando é preciso,
mas não só para destruir;
que se faz valer,
sem tudo dominar;
que se ergue, altiva,
sem se deixar abater,
fazendo-se respeitar em sua dignidade.

O braço que luta
é também o braço que abraça.
A mão que guerreia
é também a mão que semeia e colhe.
É preciso juntar
o suor, a lágrima e o sorriso,
temperando a vida
com paixão e compaixão.

Mulher, que você se complemente,
com seus pares e parceiros,
que encontre as trocas
fora do domínio
da dominação e da submissão,
neutralizando e transcendendo
a inveja, a rixa,
a competição crua e cruel.
Companheira e cúmplice,
solidária, sem ser servil.

E, então, surge o equilíbrio
fluido, delicado e sutil,
porém forte e resistente.
É a maturidade, a sabedoria,
é a força da delicadeza,
a firmeza da serenidade.
Na experiência acumulada,
a capacidade de ver mais longe,
mesmo quando os olhos já precisam de auxílio.

A liberação surge
na profundidade da reflexão,

na busca daquilo
que é maior do que você,
que está além e acima,
mas também dentro,
na solidão fecunda que permite
estar bem com os outros
e com você mesma.

É preciso, mulher,
manter viva a curiosidade
para descobrir e aprender.
Celebrar cada etapa de vida,
o crescimento das asas,
o vôo maior,
a liberdade
de escolher caminhos
nas possibilidades existentes,
já que as escolhas
nunca são ilimitadas.

Mulher, o mundo é seu,
você é do mundo.
A vida é sua,
você é da Vida.
Celebrar a criação,
a eterna busca
de evolução,
com as mulheres irmanadas,
pelo mundo afora.

Que cada mulher encontre
dentro de si

A Mulher e O Homem
Para lutar por direitos iguais
respeitando as diferenças,
descobrindo o poder de combinar
suavidade e força,
levando paz, harmonia e beleza
na grande viagem da vida.

É preciso ser amiga do tempo
para conquistar o espaço.

Impresso nas oficinas da
Gráfica Palas Athena